English sounds

LES VOYELLES COURTES

/ɪ/
witch

/æ/
cap

/ʌ/
bus

/e/
pen

/ə/
mirror

/ɒ/
box

/ʊ/
book

LES DI

/aɪ/
bike

/eɪ/
train

/eə/
pear

/ɪə/
hear

/əʊ/
boat

/aʊ/
clown

/ɔɪ/
boy

/ʊə/
tourist

LES VOYELLES LONGUES

/iː/
peas

/ɜː/
skirt

/uː/
blue

/ɑː/
car

/ɔː/
horse

LES CONSONNES

/h/
hat

/θ/
bath

/ð/
father

/tʃ/
chair

/ʃ/
shoes

/dʒ/
jeans

English time

ÉCRIRE LA DATE

Jour de la semaine avec une majuscule

Mois avec une majuscule

Monday, September 7th

N'oublie pas la virgule !

Nombre ordinal en chiffre → p. 176

DIRE LA DATE

N'oublie pas d'ajouter ***the***.

Monday, September the seventh

On Monday,
clap your hands.

On Tuesday,
snap your fingers.

On Wednesday,
rub your nose.

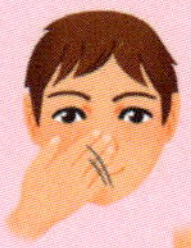

On Thursday,
touch your toes.

On Friday,
stamp your feet.

On Saturday,
take a seat.

On Sunday,
go to sleep.

CD 1 *piste 1*

DIRE L'HEURE

- → Commence par dire les minutes, sans dépasser 30.
- → Utilise ***past*** si la grande aiguille est à droite.
  Utilise ***to*** (pour dire « moins ») si elle est à gauche.
- → Termine avec les heures, sans dépasser 12.

*It's **twenty past eight**.*

*It's **ten to three**.*

Pour dire « et demie »

*It's **half** past two.*

Pour dire « et quart »

*It's **(a) quarter** past two.*

Pour dire « moins le quart »

*It's **(a) quarter** to two.*

Pour dire l'heure juste

*It's two **o'clock**.*
= It's two.

Reading Corner → p. 111

So English

nouvelle édition

L'assurance d'une rentrée sereine !

L'édito

Cette nouvelle édition de *So English!* 6e repose sur un double-pari : continuer de proposer des contenus pensés et travaillés par l'équipe pour répondre aux exigences d'un niveau de transition - la 6e et intégrer les nouveautés des programmes 2016.
Notre pratique quotidienne, vos retours et vos témoignages ont nourri cette réflexion. Merci !

So English nouvelle édition porte toujours quatre volontés fortes :

- accompagner l'élève dans son passage d'écolier à collégien
- apporter à tous du plaisir dans l'apprentissage
- ne laisser aucun élève « sur le bord du chemin »
- stimuler l'attention et la curiosité des élèves

So English! 6e intègre de nouvelles aides pour l'élève et l'enseignant, de nouvelles rubriques et de nouveaux contenus qui faciliteront la mise en œuvre des programmes du cycle 3.
Nous vous invitons à les découvrir ici.

Les auteures

Nos partis-pris

Pour l'enseignant :

- Une méthode facile à mettre en œuvre et des périphériques audio et vidéo, des activités interactives disponibles avant l'été pour le niveau 6e
- Une culture en « fil rouge » dans les chapitres
- Un travail de différenciation : banque d'exercices d'entraînement, activités multimédias…
- Intégration de l'Accompagnement Personnalisé : fiches d'activités à télécharger et tutos vidéos

Pour l'élève :

- Une structure en « *parts* » qui suit son rythme et stimule son attention
- Des aides phonologiques, lexicales et grammaticales au fil des pages
- Des références pour construire son savoir (*Picture Dictionary, Time for History*…)
- Des documents vivants et authentiques

Audio guide : découvrez la méthode

CE QUE CHANGE LA RÉFORME

Les attendus de fin de cycle évoluent

	LV1	LV2 (débute en 5e)
Cycle 3	A1 pour toutes les AL*	
	A2 pour plusieurs AL	
Cycle 4	A2 pour toutes les AL	A1 pour toutes les AL
	B1 pour plusieurs AL	A2 dans au moins deux AL

* : AL = activité langagière

De nouvelles grilles horaires (en heures/semaine)

	6^{e}	5^{e}	4^{e}	3^{e}
LV1	4 h	3 h	3 h	3 h
LV2		2,5 h	2,5 h	2,5 h

Des nouveaux contenus selon les niveaux

Nous avons par exemple réintroduit l'expression de l'avenir.

De nouveaux axes de connaissances culturelles

- La personne et la vie quotidienne
- Des repères géographiques, historiques et culturels
- L'imaginaire (par exemple la littérature jeunesse)

L'Accompagnement Personnalisé

Le volume horaire :

- 3 h en 6^{e}
- 1 ou 2 h en 5e / 4e / 3^{e}

L'AP concerne tous les élèves et toutes les disciplines.
Il s'articule autour des grands axes suivants :

- Apporter des méthodes de travail aux élèves
- Apprendre à apprendre
- Anticiper plutôt que remédier
- S'adapter aux besoins d'un ou plusieurs élèves
- Inscrire l'enseignement dans une démarche de projet partagée par tous

NOS RÉPONSES

Pour **un meilleur repérage**, les niveaux attendus sont affichés en page d'ouverture.
Ils évoluent sur les trois « *parts* » :

- *Part 1* : A1
- *Part 2* : A1 / A1 +
- *Part 3* : A1 / A1 + / A2

Pour **un entraînement efficace :**

- Les auto-évaluations sont recentrées sur les deux AL dominantes du chapitre (*Workshop*).
- Les objectifs de l'évaluation sont annoncés dans le manuel et déclinés selon les niveaux du CECRL.

La structure en « *parts* » suit l'élève dans son évolution de collégien et vous permet de varier les rythmes d'apprentissage :

- *Part 1* : 5 doubles-pages de révisions à votre rythme et selon vos besoins
- *Part 2* : 1 page, 1 leçon – une dynamique d'activités courtes incluant la série « *Best Friends* »
- *Part 3* : Des chapitres plus longs pour approfondir et prendre le temps de la découverte

Une actualisation des chapitres de l'édition 2015
Un nouveau chapitre 9 (Workshop) : *A holiday in New York!*

Le traitement des connaissances culturelles
Les 3 grands thèmes sont traités à part égale dans tous les chapitres. En effet, l'intégration de la culture comme « fil rouge » du manuel est une des préoccupations de l'équipe. Nous abordons les pays anglophones en passant du quotidien des élèves à des visions plus larges comme la nourriture ou les légendes écossaises.

Deux nouvelles rubriques

- Pour ancrer les savoirs culturels, une nouvelle rubrique « ***Time for History*** »
- Pour découvrir des grandes œuvres de littérature jeunesse, un nouveau dossier « ***Reading Corner*** » (BD, romans et poèmes)

Une nouvelle rubrique « Prépare-toi pour l'évaluation ! » aide l'élève à réviser et lui apporte des conseils de méthode.
Une double-page présente le sommaire **des outils d'Accompagnement Personnalisé de *So English* :**

- 26 fiches à télécharger avec des pistes de différenciation
- 7 tutos vidéos

Les thèmes traités en AP :

Axe 1. Apprendre	• J'apprends ma leçon d'anglais
Axe 2. Comprendre	• Je comprends un message écrit
	• Je comprends un message oral
Axe 3. S'exprimer	• Je prends la parole en classe
	• Je rédige

Les fiches AP sont à télécharger gratuitement sur http://www.editions-hatier.fr/soenglish/

accompagner dans la réforme 2016

http://www.epi-hatier.fr

- Des propositions et pistes EPI
- Des fiches méthodes
- Des liens utiles

Place des langues

1 Portail des langues
www.editions-hatier.fr/placedeslangues

- Un accès direct à tous les sites « collections » de la **6e au BTS** avec de **nombreuses ressources gratuites à télécharger** (fichiers pédagogiques, fiches photocopiables, évaluations…)

- **Un espace d'échange et d'informations** (témoignages, interviews pédagogiques, coin presse…)

2 Page Facebook
www.facebook.com/placedeslangues

- **Un agenda des langues** : évènements culturels, rencontres et salons
- Des contenus pédagogiques à découvrir en « **avant-première** »

3 Lettres d'informations pédagogiques
www.editions-hatier.fr

Inscrivez-vous sur le site Hatier et recevez 4 numéros par an :
- Des **informations** sur nos parutions
- Des **pistes de réflexion** sur l'apprentissage des langues pour tous les niveaux
- Des **conseils concrets** pour vous accompagner dans vos pratiques

4 Espace de téléchargement élève
http://www.editions-hatier.fr/langues-eleves

Les **ressources** à destination de l'élève à **télécharger gratuitement** (MP3, vidéos, activités interactives…)

SO ENGLISH!

A1 > A2

6e

CYCLE 3

Directrice d'ouvrage et auteure

Evelyne LEDRU-GERMAIN
Collège Hippolyte-Rémy, Coulommiers (77)
Lycée Jules-Ferry, Coulommiers (77)
Formatrice académique (77, 93, 94)

Auteures

Florence de FRANCE de TERSANT
Collège Louis-Blériot, Levallois-Perret (92)

Paula JACQUARD
CMPA, Neufmoutiers-en-Brie (77)

Elisabeth JARDON
Inspectrice de l'Éducation Nationale
Académie de Clermont-Ferrand (03, 15, 43, 63)

Sylviane ROUGIER
Collège Oradou, Clermont-Ferrand (63)

Sandrine SAUVAGE-BERGER
Collège Talence, Nantes (44)

Sandra SITBON
Collège André-Malraux, Louvres (95)

Avec la participation de

Mélanie AURIEL
Chargée de mission Collège numérique, Morbihan (56)

Sandy LOCKHART

Hatier

Merci à tous les enseignants qui nous ont aidés à élaborer cette nouvelle édition par leurs retours et leurs conseils avisés.

Les auteurs remercient Pauline Gaberel et Ana Pastor pour la qualité de leur accompagnement, leur écoute et leur patience, jour après jour.

Un grand merci à Franck Lemercier pour son soutien et son regard toujours avisé !

Conception graphique : Marc & Yvette, Massimo Miola

Mise en pages : Marc & Yvette, Massimo Miola

Édition : Pauline Gaberel, Ana Pastor

Illustrations : Sébastien Azzi, Julien Castanié, Anthony Cocain, Johanna Crainmark, Léa Fabre, Loïc Froissart, Philippe Gady, Nicolas Gréoil, Lise Herzog, Martin Maniez, Alban Marilleau, Isabelle Maroger, Mathieu de Muizon, Olivier Silven, Benoît Springer, Erwann Surcouf, Sébastien Telleschi

Iconographie : Veronica Brown, Nelly Gras, Nadine Gudimard

Cartographie : Légendes Cartographie

Droits : Andréa Freire, Julie Sirdey

Corrections : Catherine de Bernis

Merci aux acteurs de Best Friends *: Ian Bwire Atwiine, Laura Hoher, Larissa Foster.*

Merci à Angela, Corentin, Erwann, Inès, Martin, Méline, Paul, Sara et Thyl pour leur participation.

ISBN : 978-401-02161-7

Avant-propos

SO ENGLISH! est né de la rencontre de huit expériences d'enseignement différentes. Cette diversité d'approches et de pratiques se retrouve dans les trois piliers de notre collection et nous a permis de proposer, dans cette édition, des outils répondant aux exigences des nouveaux programmes.

Les « piliers » de la collection

• Accompagner l'élève dans son évolution de collégien

- PART 1 : Reprendre ou consolider les acquis du primaire et entrer « en douceur » dans la démarche actionnelle.

- PART 2 : Des activités courtes pour parler de la vie quotidienne en Angleterre et préparer le passage à l'écrit.

- PART 3 : Des chapitres plus longs pour approfondir les apprentissages et partir à la découverte du monde anglophone.

• Ne laisser aucun élève « sur le bord du chemin »

- Notre choix de documents et la nature des aides permettent de varier les approches et gérer au mieux des niveaux hétérogènes.
- Des pages régulières dédiées à la révision, à l'aide et à l'auto-évaluation, ainsi que les jeux de fin de *Parts*, permettent « d'ancrer » les connaissances, étape par étape.

• Maintenir une vraie dynamique de classe tout au long de l'année

- Réintroduire le plaisir d'apprendre une langue par notre choix de thèmes et de documents.
- Des projets réalisables et motivants qui font la part belle au *pairwork* et au *group work*.

Les outils pour les nouveaux programmes

• Accompagnement personnalisé

Une double-page présente l'ensemble des outils téléchargeables gratuitement : fiches d'activités, tutoriels vidéo.

• Travail en groupe et en autonomie

- Le manuel intègre des micro-tâches pensées pour le travail en binômes ou en groupes.
- La nouvelle rubrique ***Prépare-toi pour l'évaluation!*** et les activités proposées en fin de manuel ou en ligne encouragent l'entraînement autonome de l'élève.

• Niveau A2 attendu dans "plusieurs activités langagières" à la fin du cycle 3

La structure en trois *Parts* de ***So English! 6e*** permet d'amener progressivement les élèves vers le niveau A2. Les niveaux sont clairement identifiés.
Les objectifs d'évaluation sont annoncés et vont jusqu'au niveau A2 en *Part* 3.

• Nouveaux axes de connaissances culturelles

Deux nouvelles rubriques :

- Time for History : des repères historiques au fil du *Workbook* en fonction des thèmes des chapitres.

- Reading Corner : une initiation à la littérature jeunesse (poèmes, BD, romans) en fin de manuel.

• Nouvelle progression

- La *Part 1* prend en compte les premières années d'apprentissage et l'hétérogénéité qui en découle.
- Plusieurs chapitres sont remaniés, notamment le *Workshop 9* qui invite au voyage à New York !

Nous espérons qu'en utilisant **SO ENGLISH!** vous partagerez l'enthousiasme qui nous a portées dans son élaboration !

Bonne année à toutes et à tous !
Les auteures

L'accompagnement personnalisé dans SO ENGLISH!

L'accompagnement personnalisé (AP), intégré dans nos heures d'enseignement, est l'une des grandes nouveautés de la réforme du collège sur le cycle 3. Il concerne tous les élèves et toutes les disciplines. Chaque élève de 6e bénéficie de **trois heures** d'accompagnement personnalisé hebdomadaires et l'anglais s'inscrit tout naturellement dans cette approche.

Nous vous proposons d'organiser vos séances d'accompagnement personnalisé en ***ateliers***, autour d'activités centrées sur des objectifs spécifiques du Cadre Européen Commun de Référence pour les Langues (CECRL).
Ces ateliers favorisent l'apprentissage et l'aide entre pairs, qui sont préconisés par le **nouveau socle commun** de connaissances, de compétences et de culture.
Afin de faciliter la mise en œuvre de ces ateliers au sein de votre groupe classe, nous vous proposons des **fiches personnalisables** au format Word (ou équivalent), afin que vous puissiez les modifier selon les besoins de vos élèves.

Selon l'organisation choisie dans votre établissement, vous pourrez faire travailler vos élèves en ateliers sur la même fiche, ou bien privilégier la ***différenciation***, en constituant des groupes de besoins au sein de votre classe, qui travailleront sur des fiches différentes, tout en visant la même compétence du socle.

26 fiches photocopiables personnalisables et 7 tutoriels vidéo à télécharger sur www.editions-hatier.fr/soenglish/

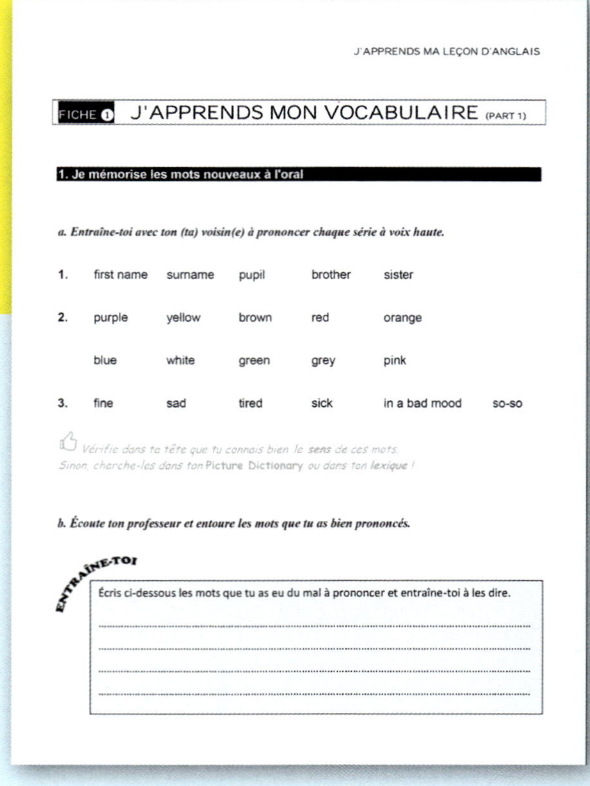
J'APPRENDS MA LEÇON D'ANGLAIS

FICHE 1 J'APPRENDS MON VOCABULAIRE (PART 1)

1. Je mémorise les mots nouveaux à l'oral

a. Entraîne-toi avec ton (ta) voisin(e) à prononcer chaque série à voix haute.

1. first name surname pupil brother sister
2. purple yellow brown red orange
   blue white green grey pink
3. fine sad tired sick in a bad mood so-so

*Vérifie dans ta tête que tu connais bien le **sens** de ces mots. Sinon, cherche-les dans ton Picture Dictionary ou dans ton lexique !*

b. Écoute ton professeur et entoure les mots que tu as bien prononcés.

ENTRAÎNE-TOI

Écris ci-dessous les mots que tu as eu du mal à prononcer et entraîne-toi à les dire.

Notre approche de l'accompagnement personnalisé se décline selon trois grands axes.

Axe 1 • Apprendre

J'apprends ma leçon d'anglais

- **Fiche 1 :** J'apprends mon vocabulaire (PART 1)
- **Fiche 2 :** Je révise l'alphabet (PART 1)
- **Fiche 3 :** J'apprends les nombres (PART 1)
- **Fiche 4 :** Je prépare mon évaluation (PARTS 2 et 3)

Axe 2 • Comprendre

Je comprends un message écrit

- **Fiche 5 :** Je comprends les mots transparents *
- **Fiche 6 :** Je comprends les consignes *
- **Fiche 7 :** Je m'appuie sur des indices
- **Fiche 8 :** Je comprends une description (1)
- **Fiche 9 :** Je comprends une description (2)
- **Fiche 10 :** Je repère des informations (1) *
- **Fiche 11 :** Je repère des informations (2)
- **Fiche 12 :** Je comprends un récit (1)
- **Fiche 13 :** Je comprends un récit (2)

Je comprends un message oral

- **Fiche 14 :** Je comprends le *Classroom English*
- **Fiche 15 :** Je m'appuie sur les bruitages et les intonations *
- **Fiche 16 :** Je comprends l'essentiel d'un message (1) *
- **Fiche 17 :** Je comprends l'essentiel d'un message (2) *
- **Fiche 18 :** Je comprends l'essentiel d'un message (3) *

Axe 3 • S'exprimer

Je prends la parole en classe

- **Fiche 19 :** Je prends la parole devant un groupe
- **Fiche 20 :** J'utilise le *Classroom English*
- **Fiche 21 :** Je travaille mon accent
- **Fiche 22 :** Je travaille mon intonation *

Je rédige

- **Fiche 23 :** Je rédige quelques phrases (1)
- **Fiche 24 :** Je rédige quelques phrases (2)
- **Fiche 25 :** Je rédige plusieurs phrases de façon organisée (1) *
- **Fiche 26 :** Je rédige plusieurs phrases de façon organisée (2)

Les thématiques signalées par * proposent un court **tutoriel vidéo**, qui permettra à vos élèves une première approche ludique du point de méthode visé.

Dans chaque fiche :

Des activités d'entraînement

ENTRAÎNE-TOI

Écris à nouveau les mots et expressions sur lesquels tu as fait des erreurs ou que tu avais oubliés.

....

....

ENTRAÎNE-TOI à la maison

- Avec ton *Picture Dictionary*, révise les couleurs (p. 5) et le vocabulaire des humeurs (p. 13).
- Télécharge les MP3 sur le site www.editions-hatier.fr/langues-élèves pour écouter la prononciation des mots.

Des conseils de méthodologie

Entraîne-toi avec ton (ta) voisin(e). À tour de rôle, prononcez une série à voix haute. Aidez-vous en cas d'erreur !

Des activités de différenciation

+ JE RÉVISE MES BASES

Associe chaque nombre à son écriture en chiffres.

twenty-seven •	• 14
thirteen •	• 51
forty-one •	• 68
fifty-one •	• 38
fourteen •	• 27
sixty-eight •	• 41
thirty-eight •	• 13

+ JE VAIS PLUS LOIN

- Quelles lettres de l'alphabet ont le même son que *B* ?

Complète la série : *B, C,* ...... , ... , ... , ... , ... , ...

- Quelle lettre a le même son que *I* ? ....

Mode d'emploi de ton manuel

Les activités de communication en classe d'anglais

Ces **pictogrammes** t'indiquent l'activité que tu vas faire :

- **Écouter et comprendre**
  Tu vas écouter un enregistrement audio ou voir une vidéo.
- **Lire et comprendre**
  Tu vas lire un petit texte.
- **Parler en continu**
  Tu vas parler (faire un compte rendu ou présenter quelque chose).
- **Réagir et dialoguer**
  Tu vas discuter à deux ou à plusieurs.
- **Écrire**
  Tu vas écrire quelques phrases ou un petit texte.

En classe

Grâce à des activités variées, tu vas acquérir du **vocabulaire** et apprendre à construire des **phrases** et à bien **prononcer** l'anglais, afin de **réaliser des projets**.

Les aides dont tu disposes :

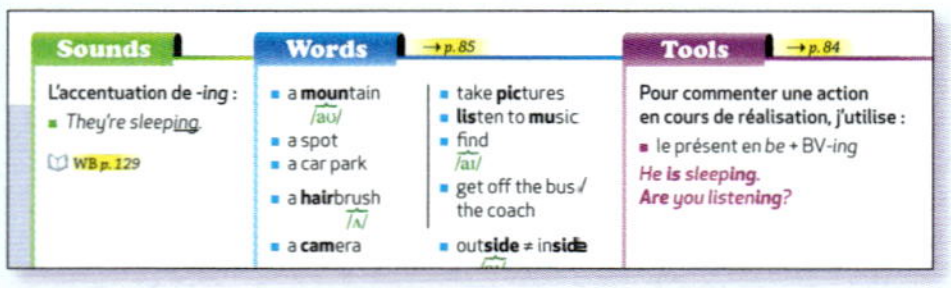

Tu trouveras les boîtes ***Sounds*** (phonétique), ***Words*** (lexique) et ***Tools*** (grammaire) en bas de page.

Ces vignettes te montrent **comment faire** les activités proposées (seul, à deux ou en groupes) et t'aident à **prendre la parole** et à **formuler tes phrases**.

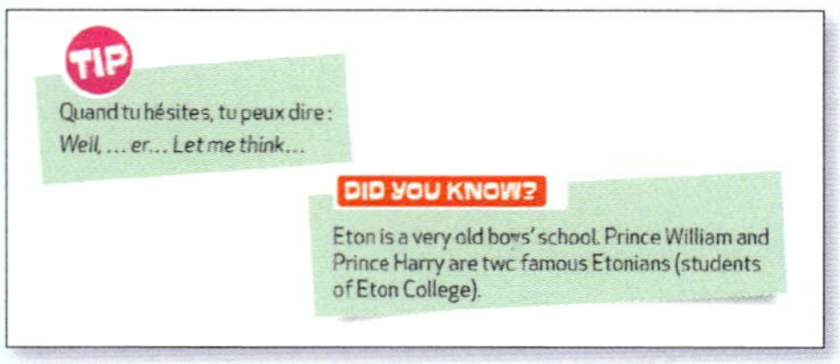

Ces encadrés te donnent des **conseils** et des **informations** utiles.

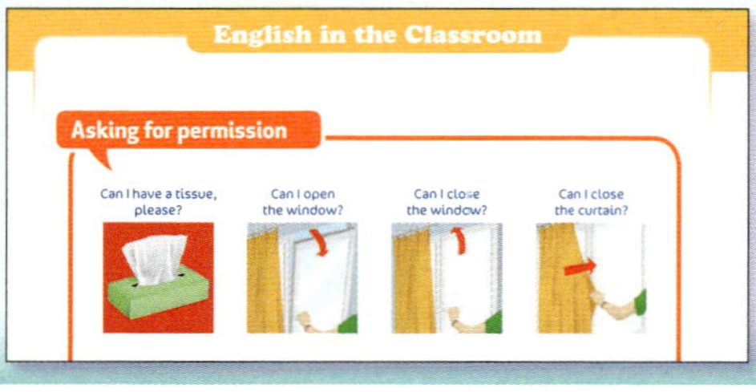

Ces pages du livret ***My Picture Dictionary*** t'apportent de l'aide pour **communiquer en classe au quotidien** (demander de l'aide, poser des questions, dire la date et l'heure…).

À la maison

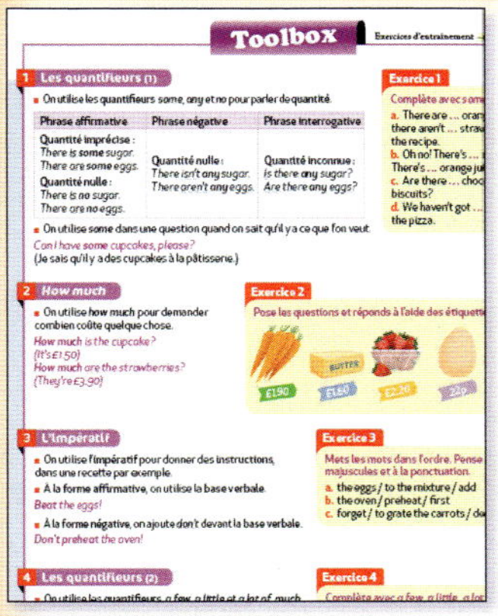

Des pages ***Toolbox*** avec les points importants de chaque *Workshop*.

Des pages ***Wordbox*** avec le vocabulaire illustré de chaque *Workshop*.

My Picture Dictionary pour enrichir ton vocabulaire tout au long de l'année.

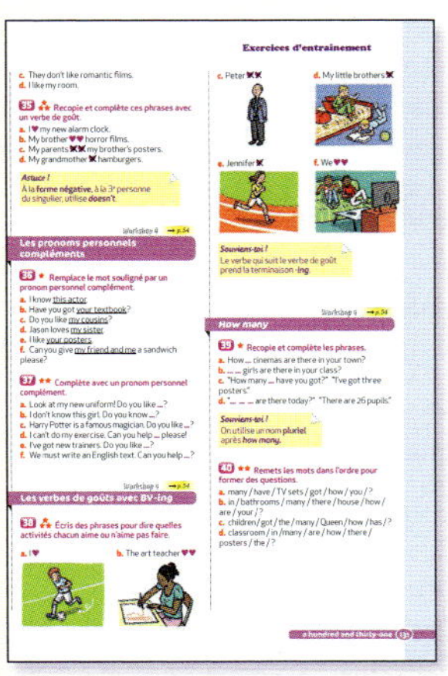

Des **exercices d'entraînement** pour t'aider à faire des progrès.

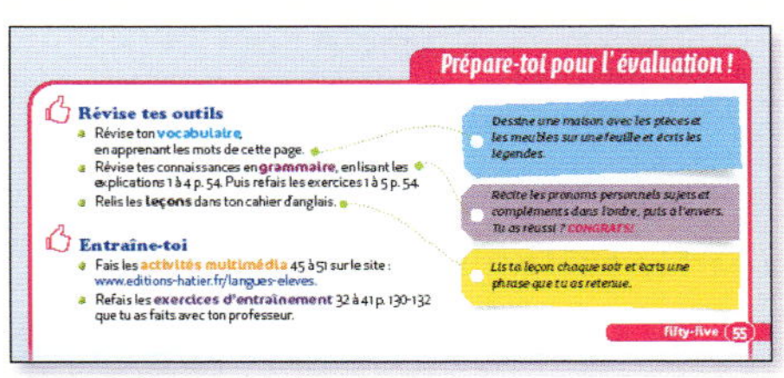

Des rubriques ***Prépare-toi pour l'évaluation !*** avec des conseils pour t'aider à réviser.

Un **lexique bilingue** pour chercher les mots que tu ne connais pas.

Ton Workbook

- Ton professeur te dira quels exercices sont à faire **en classe** et quels exercices sont à faire **à la maison**.
- La rubrique ***Do you remember?*** t'aidera à faire le point à la fin de chaque leçon.
- Les encadrés ***Time for History*** te fourniront des informations historiques intéressantes.
- Avec les ***Word Games***, tu pourras revoir le vocabulaire de façon amusante.
- À la fin du *Workbook*, tu trouveras des **jeux** à faire en famille.

ANNEXES

Reading Corner

Celebrate

Tes outils

PART 1

A1

Bienvenue dans la première partie de ton manuel !

Au cours des prochaines semaines,
tu vas **réviser ce que tu as appris à l'école primaire**,
ou si tu n'as pas fait d'anglais, tu vas **acquérir les bases** !

Chaque double-page traite d'un thème différent, et chaque *Step* te guidera, pas à pas, dans l'apprentissage et la réalisation de petites tâches amusantes.

Tu vas réviser ou apprendre à :

1. te présenter, dire ton âge, dire l'alphabet, épeler des mots, compter de 0 à 100
2. parler des couleurs, dire quelle est ta couleur préférée
   dire de quelle humeur tu es
3. dire où tu habites, donner ton adresse
   découvrir des personnages et des lieux britanniques
4. décrire ta rue
   localiser ta position dans une ville
5. parler du temps qu'il fait
   dire quelle est ta saison préférée

À la fin de ce parcours :

Your Project tu vas créer ta carte d'identité britannique imaginaire !

Pour t'aider à progresser :

- tes **exercices d'entraînement** 1 à 6 p. 126
- **My Picture Dictionary** p. 5, 8 et 13
- tes **activités multimédia** 1 à 19 sur le site www.editions-hatier.fr/langues-eleves

PART 1

1 What's your name?

Step 1

Listen and say who's who.

CD 1 *piste 02*

MP3 *n° 01*

WB *p. 7*

Step 2

Play the "Come in" game!

Step 3

Listen and sing the alphabet song!

CD 1 *piste 03*

A B C
D E F G H I J
K L M N O P
Q R S
T U V
W X Y Z

Step 4

Play the spelling game!

Find a word and spell it to your classmate.
Then swap roles.

WB *p. 8*

Step 5

Listen and sing the numbers song!

CD 1 *piste 05* WB *p. 8*

1 2 3 4 5...
10... 20... 30... 100

How old are you?

Step 6

Play bingo!

CD 1 *piste* 06 — WB *p. 10*

Step 7

Listen. Who is it?

CD 1 *piste* 07

WB *p. 10*

Step 8

Play the birthday game!

Step 9 Your turn!

What's your secret identity?
Imagine a secret identity and answer your classmate's questions.

PART 1

2 What's your favourite

Step 1

What colour is it?
Listen and find the correct number.

CD 1 *piste 08* WB *p. 11*

1

2

3

4

5

Step 2

Look at the people
and memorize the colours.

a lollipop lady a bobby a pupil

The lollipop lady
is yellow and...

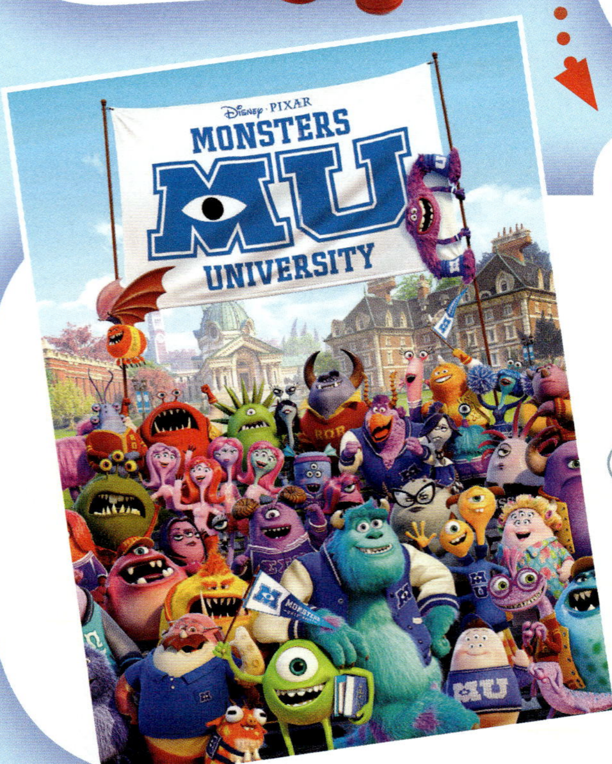

Step 3

What's your favourite colour in the poster?

WB *p. 12*

My favourite colour
in the poster is...

Reading Corner → *p. 110*

colour? How are you?

Step 4

Listen and say the correct number.

CD 1 *piste 09* WB *p. 13*

Step 5

Look at Mr Bean.
What's his mood today?

Step 6 Your turn!

What's your favourite colour today?
Choose a colour in the circle for your mood and guess your classmate's mood.

WB *p. 14*

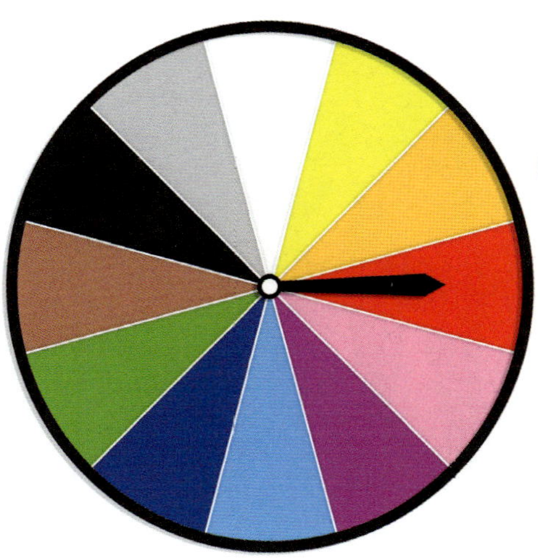

PART 1 3 Where do you live?

Step 1

Listen to the names of the cities and give the number on the map.

CD 1 *piste* 10

WB *p. 15*

Step 2

Listen and find out the name of the city.

CD 1 *piste* 11

WB *p. 16*

Step 3

Read and find information.

WB *p. 16*

You know me, I'm James Bond. I live in London, but my exact address is a secret.

Hello, everybody! My name is Robin Hood. I live in Nottingham, in a forest.

Step 4

Listen to the interview.
Find the correct picture and say the address.

CD 1 *piste* 12 MP3 *n°* 03 WB *p.* 17

Baker Street

2

New Road

3

Circus Lane

Step 5

Imagine your address in Britain!

WB *p.* 17

OXFORD STREET

BRICK LANE

CHARLES STREET

CAMBRIDGE ROAD

Step 6

Listen to Ben and Laura. Then say where you live.

CD 1 *piste* 14 MP3 *n°* 05 WB *p.* 18

London

Plymouth

Step 7 Your turn!

Pupil A. Create your address and say where you live.

Pupil B. Ask for your classmate's address and write it down. Is the address correct?

Swap roles.

WB *p.* 18

PART 1

4 What's in your street?

Step 1

Listen and spot the places on the map.

CD 1 *piste 15* WB *p. 19*

between

behind

in

next to

in front of

opposite

Step 2

Pupil A. Imagine you are a tourist in this town. Ask Pupil B questions.

Pupil B. Answer the tourist's questions.

Swap roles.

WB *p.20*

Step 3

Listen and speak about the zoo.

CD 1 *piste 16* MP3 *n° 06* WB *p. 21*

Step 4

Look at the map for a minute. Close your book and speak about Baker Street.

WB *p. 22*

Step 5 Your turn!

Read the text and draw this street.

WB *p. 22*

This is my street. I love it! I live at 3 Broad Street. There is a skate park in my street. There is a videogame shop opposite the cafeteria and there are two clothes shops: one is next to the skate park and the other is between the cafeteria and my house.

PART 1

5 What's the weather

Step 1

Look at the weather map and listen. What's wrong?

CD 1 *piste 17* MP3 *n° 07*

WB *p.23*

Step 2

Look at the weather map. What's the weather like in Aberdeen, Liverpool, Birmingham and Plymouth?

WB *p. 23*

Step 3

Listen and identify the seasons.

CD 1 *piste 18* WB *p. 24*

Spring in Oxford

Summer in Brighton

Autumn in London

Winter in Glasgow

like? What season is it?

Step 4

What's your favourite season?

WB p. 24

Step 5 Your turn!

You're a new weather presenter for "The Weather Channel"!

- Choose a city in the UK, and find a forecast on www.bbc.com/weather/.
- Present today's weather in this city! Say if it's warm or cold for the season.

WB p. 25

Your project Create your funny British card!

a. Imagine your funny British identity and complete your British card.

WB p. 26

b. Pupil 1. Ask your classmate questions about his/her funny British card.
Pupil 2. Answer your classmate's questions.
Swap roles.

PART 1

Game time!

Win your stars!

Answer the questions and collect your stars!

1. Make groups of four and choose a name for your team.
2. Pick cards and answer the questions.
3. You've got 15 minutes to win your stars!

1 **Introduce** yourself. Say your first name, surname and age. (2 stars)

2 What's in your city, your town or your village? **Say** two sentences. (2 stars)

3 **Count** from 1 to 20. (2 stars)

4 **Speak** about five colours in the class. *Example:* My notebook's blue! (3 stars)

5 What's the weather like today? (1 star)

6 **Mime** four different moods and **speak**! *Example:* I'm in a bad mood today! (2 stars)

7 **Read** the numbers. 39 57 100 (2 stars)

8 **Find** the names of three cities in the United Kingdom. (3 stars)

9 **Spell.** PADDINGTON STRAWBERRY UNITED KINGDOM (2 stars)

10 Where do you live? (2 stars)

11 **Count.** Twelve plus twenty = ? Forty plus thirteen = ? Eighty plus eighteen = ? (3 stars)

12 **Say** the colours. W_I_E P_ _ _LE BR_ _ _ (2 stars)

13 **Say** the four seasons. (2 stars)

14 **Look** at your table and say three sentences. *Example:* There's a blue pen on... (3 stars)

15 What's your favourite colour? (1 star)

16 **Reorder** the words and say the sentence. I / live / Baker Street / 15 / at / London / in. (2 stars)

PART 2

A1/A1+

Bienvenue dans la deuxième partie de ton manuel !

Elle comporte 5 chapitres appelés ***Workshops*** (ateliers).

Chaque *Workshop* va te permettre **d'avancer dans ton apprentissage**, de parler de **ton quotidien** et de **découvrir** des aspects de la vie en Grande-Bretagne.

Workshop 1 — **Who's who?**
La personnalité, la famille

Workshop 2 — **Talented people**
Les talents, les qualités

Workshop 3 — **School in England**
La vie au collège, les affaires, les vêtements

Workshop 4 — **Welcome to my house!**
La maison, l'environnement

Workshop 5 — **Free time!**
Les loisirs, les habitudes

Dans chaque Workshop, un épisode vidéo de la série* BEST FRIENDS *avec :

Pour t'aider à progresser :

- tes **exercices d'entraînement** 7 à 52, p. 126-133
- **My Picture Dictionary** p. 6-8, 10-12, 14-15
- tes **activités multimédia** 20 à 63 sur le site www.editions-hatier.fr/langues-eleves

PART 2 A1/A1+

Workshop 1 Who's who?

Rhythm & Rhymes
CD 1 *piste 19* WB *p. 27*

Tu vas apprendre à :

Leçon 1
- comprendre quelqu'un qui se présente
- te présenter et parler de ta personnalité

Leçon 2
- comprendre le portrait d'une famille
- présenter une famille

Leçon 3
- décrire quelqu'un
- parler de ses vêtements

Tu vas faire :

Prepare your project
- ta présentation et celle de tes amis
- la présentation d'un membre de la famille royale

Your project
- **des cartes à jouer et les présenter**

Tu vas découvrir :

la famille royale

Lesson 1 Introduce yourself and others

1 Watch the video and speak about Jessica, Lauren and Alex.

DVD WB p. 28

2 Look at the photo and present the people.

Prepare your project

Introduce yourself and a friend.

Sounds

Les sons :

- /aɪ/ de sh*y*
- /eɪ/ de cr*a*zy

WB p. 29

Words

→ p. 31

- **funn**y ≠ **se**rious
- shy /aɪ/
- quiet ≠ **out**going, **so**ciable /aɪ/
- **mess**y ≠ **ti**dy /aɪ/
- **cra**zy /eɪ/
- great = fan**tas**tic
- em**barr**assed

Tools

→ p. 30

Pour présenter quelqu'un, j'utilise :

- les pronoms personnels sujets
  He's a bit shy.
- les déterminants possessifs
  His name's Alex.

Lesson 2 Discover the Royal Family

1 Look at the photos. Who are they?

2 Listen to Lisa and Kevin. Find who's who in the Royal Family.

CD 1 *piste 23* MP3 *n° 11* WB *p. 33*

TIME FOR **HISTORY** WB *p. 33*

Prepare your project

- Choose a member of the Royal Family.
Write three sentences to present him/her.
- Read your text to your classmate.
Can he/she guess who it is?
- Swap roles.

Sounds

La prononciation du génitif :

- *Kate's sister* /s/
- *William's brother* /z/
- *Prince Charles's wife* /ɪz/

WB *p. 35*

Words

→ *p. 31*

- **pa**rents • **moth**er ≠ **fa**ther
- **grand**mother ≠ **grand**father
- aunt ≠ **un**cle
- **sis**ter ≠ **broth**er
- **step**mother ≠ **step**father
- wife ≠ **hus**band /aɪ/

- proud
- good-**look**ing = **hand**some ≠ **ug**ly
- smart = **el**egant
- cool ≠ strict

Tools

→ *p. 30*

Pour parler d'un lien de parenté, j'utilise :

- le verbe *be* (forme affirmative et négative)
- le génitif

*She **is** Prince Charles**'s** wife.*
*She **isn't** the two princes**'** mother.*

Lesson 3 Speak about funny families

Listen to these two descriptions. Find Lauren and Jessica's grandparents.
CD 1 *piste 27* MP3 *n° 15*

Well, I think their grandpa is number... because...

2 Talk about Lauren and Jessica's grandparents. Why are they funny?

Their granny is funny because...

Your project

Create your "Happy Families" game.

Work in groups.
a. Imagine six members for your funny family (mother, father, aunt, granny…) and draw them on cards.
Choose a surname for your family.
b. Present your family to the class.

TIP Quand tu hésites, tu peux dire : *Well, … er… Let me think…*

This is my funny father. His eyes are…

Sounds

Les sons :
- /eə/ de h<u>air</u>
- /aʊ/ de r<u>ou</u>nd

WB *p. 41*

Words

→ *p. 31*

- face /eɪ/
- eyes
- hair /eə/
- short ≠ long
- straight ≠ **curl**y
- fair = blond ≠ dark /eə/

- a dress
- **trou**sers /aʊ/
- shoes
- **train**ers
- **glass**es
- a **hand**bag

- tall ≠ short
- small ≠ big
- large ≠ small
- round ≠ square /aʊ/
- **granny** ≠ **grand**pa

Toolbox

Exercices d'entraînement → p. 126-128

1 Les pronoms personnels sujets

I	you	he	she	it	we	you	they

he → pour un garçon ou un homme
she → pour une fille ou une femme
it → pour un objet ou un animal

■ ***You*** sert à s'adresser à une ou plusieurs personnes.

Exercice 1

Recopie les phrases et ajoute le pronom personnel sujet.

a. My name's Aby and **...**'m 12.
b. Bob lives in London. **...**'s English.
c. Kathy is funny and **...**'s a bit messy.
d. My grandparents are nice and **...**'re funny.
e. What's your name? How old are **...**?
f. I love my bag: **...** is big and yellow!

2 Les déterminants possessifs

■ On utilise les **déterminants possessifs** pour dire qui **possède** quelque chose.

Pronoms personnels sujets	*I*	*you*	*he*	*she*	*it*	*we*	*you*	*they*
Déterminants possessifs	***my***	***your***	***his***	***her***	***its***	***our***	***your***	***their***

■ Si le possesseur est un **garçon**, on dit ***his***. Si c'est une **fille**, on dit ***her***.

*It's **his** bag.* (son sac à lui)

*It's **her** bag.* (son sac à elle)

■ Le **déterminant possessif** peut être suivi d'un nom singulier ou pluriel.

***My** sister is funny.* ***My** friends are shy.*

Exercice 2

Ajoute le déterminant possessif qui convient.

a. ... name's Victoria and I'm American.
b. David is 13 and **...** favourite sport is basketball. **...** sister prefers volleyball.
c. Jenny isn't tidy. **...** room is very messy.
d. Juliet and Sara are shy, but **...** friends are outgoing.

3 Le verbe *be* : forme affirmative et négative

■ On utilise le verbe ***be*** (*être*) pour se présenter ou présenter quelqu'un. On l'utilise aussi pour dire l'âge.

*I **am** Jessica. This **is** Alex. Alex **is** 11 and a half.*

■ À la **forme affirmative**, on utilise souvent la forme contractée de ***be***. La première lettre est remplacée par une apostrophe.

*She **is** funny. → She**'s** funny.*

■ À la **forme négative**, on ajoute ***not*** (ou ***n't***) directement après ***be***.

Forme affirmative	*I **am** / I**'m***	*he **is** / he**'s***	*she **is** / she**'s***	*they **are** / they**'re***
Forme négative	*I **am not** / I**'m not***	*he **is not** / he **isn't***	*she **is not** / she **isn't***	*they **are not** / they **aren't***

Exercice 3

Complète les phrases avec *be* conjugué à la forme affirmative ou négative.

a. Kevin **...** funny and his parents **...** cool.
b. My name **...** Alex and I **...** from London. And no, I **...** 12, I **...** 11 and a half!
c. Mrs Smith **...** his mother. She **...** his stepmother.

4 Le génitif

■ On utilise le **génitif** pour dire qui est le **propriétaire** d'un objet ou indiquer un **lien de parenté**. On ajoute ***'s*** entre les **deux mots**. L'ordre des mots est inversé en anglais.

*It's Killian**'s** mother.* → *C'est la mère de Killian.*

*They're Saliha**'s** cousins.* → *Ce sont les cousins de Saliha.*

■ Après un nom pluriel, on ajoute juste l'apostrophe.

*They're my cousins**'** friends.*

Exercice 4

Vicky

Écris des phrases en utilisant le génitif.

Ex. It's Vicky's handbag.

a. Jane

b. James

c. The Parkers

d. Brian

Wordbox

My Picture Dictionary → p. 8, 10, 15

Personality

MP3 n° 20

- **funn**y ≠ **se**rious
- quiet ≠ **out**going, **so**ciable

Family

MP3 n° 21

- aunt ≠ **un**cle
- **step**mother ≠ **step**father

Clothes

MP3 n° 22

Face

MP3 n° 23

- fair = blond ≠ dark
- straight ≠ **cur**ly

- small ≠ big
- tall ≠ small
- large ≠ small
- round ≠ square

Prépare-toi pour l'évaluation !

Révise tes outils

- Révise ton **vocabulaire**, en apprenant les mots de cette page.
- Révise tes connaissances en **grammaire**, en lisant les explications 1 à 4 p. 30. Puis refais les exercices 1 à 4 p. 30.
- Relis les **leçons** dans ton cahier d'anglais.

Entraîne-toi

- Fais les **activités multimédia** 20 à 27 sur le site : www.editions-hatier.fr/langues-eleves.
- Refais les **exercices d'entraînement** 7 à 15 p. 126-128 que tu as faits avec ton professeur.

Combien de mots connais-tu ? Écris-les sur une feuille et compare avec ton livre. Tu en connais plus de 20 ? CONGRATS!

Répète plusieurs fois à voix haute les exemples en violet et mémorise-les !

Écris une phrase de chaque leçon sur une feuille.

Workshop 1 A1/A1+

Auto-évaluation

ÉCOUTER ET COMPRENDRE

1. Je comprends quelqu'un qui présente une personne.

Écoute l'animateur du défilé de mode présenter l'un des mannequins. CD 1 *piste* 32
Repère celui-ci d'après sa description. WB *p.* 43

Alex Jessica

PARLER EN CONTINU

2. Je parle de moi et d'une autre personne.

Tu es l'un des mannequins d'un défilé. L'animateur est malade et on te propose de le remplacer.

Hi! I'm Mehdi and I'm 11. I'm tall and...

a. Présente-toi.
b. Présente ensuite un autre mannequin. Invente son nom et son âge. WB *p.* 43

Évaluation

Tu t'es préparé(e) pour l'évaluation que ton professeur va te distribuer.

Tu vas être évalué(e) sur ta compréhension d'un message oral et sur ton expression à l'oral.

	ÉCOUTER ET COMPRENDRE **Je comprends la description d'une personne.**	PARLER EN CONTINU **Je décris une personne.**
A1	*Je comprends quelques mots simples et familiers quand quelqu'un parle de son environnement familier (portrait physique).*	*J'utilise des expressions simples et isolées pour parler de mon environnement familier (portrait physique, liens familiaux).*
A1+	*Je comprends plusieurs détails quand quelqu'un parle de son environnement familier (portrait physique, liens familiaux).*	*J'utilise quelques phrases simples pour parler de mon environnement familier (portrait physique, liens familiaux).*

I ♥ the Queen

Look at the photos and solve the riddles.

We are at Buckingham Palace and we protect the Queen.
Our hats are big and black.
Who are we?

1

I'm big and tall and my hair's black.
Can you see the Queen sitting on me?
Who am I?

2

We are small and our hair is brown and white.
The Queen loves us.
Who are we?

3

4

I'm the Queen's child.
I'm a baby boy in the photo, but I'm old now!
Who am I?

PART 2 A1/A1+

Workshop 2

Talented people

Rhythm & Rhymes

CD 1 *piste* 33 WB *p.* 44

Tu vas apprendre à :

Leçon 1
- comprendre quelqu'un qui parle de ses talents
- parler de tes compétences sportives et artistiques

Leçon 2
- comprendre une émission sur des sportifs
- poser des questions sur un champion

Leçon 3
- comprendre la présentation des candidats d'un *talent show*
- parler des qualités de quelqu'un

Tu vas faire :

Prepare your project
- un test de personnalité pour parler de tes talents
- un jeu de portraits de champions

Your project
- **la sélection d'un(e) candidat(e) pour un *talent show***

Tu vas découvrir :

des sports britanniques

Lesson 1

Speak about your talents

1 Watch the video and speak about Jessica's and Lauren's talents.

DVD WB *p. 45*

2 **a.** Look at the photos and fill in the speech balloons.

WB *p. 46*

b. Act out the scene!

Prepare your project

a. Are you artistic or sporty? Do the test and count your points! WB *p. 49*

Arts	–	+	+++	Sports	–	+	+++
draw	○	○	○	run	○	○	○
sing	○	○	○	play football	○	○	○
paint	○	○	○	swim	○	○	○
act	○	○	○	play rugby	○	○	○
play a musical intrument	○	○	○	dive	○	○	○

b. Speak about your personality.

Sounds

Les sons :
- /ɔː/ de b**o**red
- /əʊ/ de g**o**

WB *p. 47*

Words

→ *p. 39*

- **sport**y
- ar**tis**tic
- **mod**est
- fast ≠ slow
- bored ≠ **in**terested
- tired /aɪə/
- **an**gry
- sur**prised** /aɪ/

- **swimm**ing pool
- **wa**ter sports

- play **foot**ball
- swim
- dive /aɪ/

- run
- draw
- paint
- act
- sing
- play the gui**tar**

Tools

→ *p. 38*

Pour parler de mes talents, j'utilise :
- *can* et *can't*

*I **can** sing very well.*
*I **can't** draw at all!*

Lesson 2 Meet Olympic champions!

1 Look at the document and say what you can.

2 Listen and speak about the champions.
CD 1 *piste* 38 MP3 *n°*28 WB *p.* 52

Cian O'Connor

Usain Bolt

Ellie Black

TIME FOR **HISTORY** WB *p.* 52

Prepare your project

Pupil A. Imagine your champion (man or woman, nationality, sport) and answer Pupil B's questions.
Pupil B. Ask questions about your classmate's champion and present him/her.
Swap roles.
WB *p.* 55

Sounds

L'intonation des questions :

- *Is she Russian?* ↗
- *What nationality is he?* ↘

WB *p.* 53

Words → *p.* 39

- a man (*pl.* men)
- a **wo**man (*pl.* **wo**men)
- a **sprint**er
- a **gym**nast
- a **win**ner
- a horse
- a race /eɪ/
- a **med**al
- horse **ri**ding
- gym**nas**tics
- jump
- ride /aɪ/
- win /ɪ/
- **supp**le /ʌ/
- Ca**na**dian /eɪ/
- A**mer**ican
- Ja**mai**can /eɪ/
- **Russ**ian
- **Brit**ish
- **I**rish /aɪ/

Tools → *p.* 38

Pour poser des questions et y répondre, j'utilise :

- les questions et réponses avec *be* et *can*

***Can** he run fast? Yes, he **can**.*
*Is she Canadian? No, she **isn't**.*

Lesson 3 Take part in a talent show!

1 Listen and say what you can about Oliver and Tara. CD 1 *piste 42* MP3 *n°32*

2 Oliver and Tara are candidates in their school Talent Show. Choose the best candidate and explain your choice.

VIDEO

Watch the TV show *Britain's Got Talent!*

Looking for candidates for the Talent Show!

Are you a musician?
Can you juggle or do magic tricks?

Can you dance or recite poetry?

Call Sally or James on
01483 553694

Your project — Prepare the school Talent Show.

Pupils A/B. You're the candidates in the Talent Show! Present your talents to the jury.

TIP
Sois enthousiaste quand tu présentes tes talents au jury ! Il te faut le convaincre.

Pupils C/D. Choose the talents and qualities you want for the Talent Show. Listen to the candidates. Ask questions and choose the best!

WB *p. 58*

Sounds

La prononciation de *can* et *can't* :

- *I can do magic tricks.* /ə/
- *I can't dance.* /ɑː/

WB *p. 57*

Words

→ *p. 39*

- **juggle**
- do **magic** tricks /dʒ/
- ride a **u**nicycle / a bike /aɪ/ /juː/
- be a clown /aʊ/
- cre**a**tive
- **funny**
- **supple**

Exercices d'entraînement → p. 128-129

1 Can et can't

■ Pour parler de ce que l'on **sait faire** ou **pas**, on utilise l'auxiliaire ***can*** ou ***can't*** suivi d'une base verbale.

*I **can** sing, but I **can't** play football.*

■ ***Can*** se conjugue de la même façon à toutes les personnes.

*She **can** swim. They **can** draw.*

■ Le **degré de capacité** peut être précisé avec des expressions en fin de phrase :

*I can sing **very well**.*	+ + +
*She can play tennis **a little**.*	+
*We ca**n't** swim **very well**.*	–
*They ca**n't** play the guitar **at all**.*	– – –

Exercice 1

Fais cinq phrases avec les verbes ou expressions proposés pour dire ce que tu sais faire ou pas. Utilise *and* et *but*.

Ex. I can swim very well and I can **...** , but I can't **...**

swim – play the guitar – paint – ride a horse – play football

Exercice 2

Fais des phrases pour parler des capacités de ces personnes.

a. Mary

b. Bob

c. Jenny

d. Eliot

e. Sarah, Melissa and Dan

2 Les questions et réponses avec *be* et *can*

■ On peut poser des questions avec le verbe ***be*** et l'auxiliaire ***can*** pour obtenir des informations. Il faut connaître la conjugaison de ***be*** par cœur. → p. 30

On **inverse *be*** et ***can*** avec le sujet dans les questions.

***Can** you play the guitar?*

***Is** she an athlete?*

■ Pour répondre, on peut utiliser une **réponse courte**.

On reprend le sujet sous forme de pronom personnel sujet et le verbe (***be***) ou l'auxiliaire (***can***) de la question.

***Can** he draw?*	*Yes, he **can**. / No, he **can't**.*
***Is** Katie American?*	*Yes, she **is**. / No, she **isn't**.*
***Are** they artistic?*	*Yes, they **are**. / No, they **aren't**.*

Exercice 3

Interroge un camarade pour savoir s'il ou si elle sait faire ou pas les activités de l'exercice 1.

Exercice 4

Mets les mots dans l'ordre pour former des questions.

a. Ella / can / swim / ?
b. American / are / they / ?
c. do karate / Vicky / can / ?
d. Greg / play tennis / very well / can / ?
e. a sprinter / she / is / ?

Exercice 5

Complète les questions et les réponses courtes.

a. "**...** Tom play the guitar?" "Yes, he **...** ."
b. "**...** Rachel American?" "Yes, she **...** ."
c. "**...** you a champion?" "No, I **...** ."
d. "**...** they ride a horse?" "No, they **...** ."
e. "**...** you good at gymnastics?" "No, we **...** ."

Wordbox

My Picture Dictionary → p. 12

MP3 n° 36 Sports

- **sport**y
- strong
- **supp**le
- fast ≠ slow

swim

dive

run

jump

ride a horse

ride a bike

- play **foot**ball/**rug**by/**tenn**is

MP3 n° 37 Circus skills

juggle

do **mag**ic tricks

ride a **u**nicycle

be a clown

MP3 n° 38 Nationalities

- The United **King**dom → **Brit**ish
- **I**reland → **I**rish
- The USA → **Amer**ican
- **Can**ada → Ca**na**dian
- Aus**tra**lia → Aus**tra**lian
- Ja**mai**ca → Ja**mai**can

MP3 n° 39 Arts

- ar**tis**tic
- cre**a**tive

draw

paint

sing

act

- play the gui**tar** / the **pia**no / the flute
- re**cite** a **po**em

Prépare-toi pour l'évaluation !

Révise tes outils

- Révise ton **vocabulaire**, en apprenant les mots de cette page.
- Révise tes connaissances en **grammaire**, en lisant les explications 1 et 2 p. 38. Puis refais les exercices 1 à 5 p. 38.
- Relis les **leçons** dans ton cahier d'anglais.

*Mime les actions pour mieux les mémoriser ! Tu en connais plus de 10 ? **HURRAY!***

*Dans l'explication **1**, retiens les quatre exemples en violet sur le degré de capacité. Écris-les sur une feuille de brouillon.*

Récite une leçon par soir à voix haute.

Entraîne-toi

- Fais les **activités multimédia** 28 à 36 sur le site : www.editions-hatier.fr/langues-eleves.
- Refais les **exercices d'entraînement** 16 à 21 p. 128-129 que tu as faits avec ton professeur.

Workshop 2 A1/A1+

Auto-évaluation

ÉCOUTER ET COMPRENDRE

1. Je comprends quand on parle de talents.

Écoute cette émission de radio.

CD 1 *piste 46*

a. Quels talents évoque Jessica ? Sois aussi précis(e) que possible.

b. Observe le dessin. Que tient Jessica à la main ? Pourquoi ?

WB *p. 60*

RÉAGIR ET DIALOGUER

2. Je pose des questions à une personne sur ses talents et je parle des miens.

Pupil A. Pour le journal de l'école, tu fais l'interview d'un(e) élève. Pose-lui des questions sur ses talents.

Pupil B. Réponds aux questions du (de la) journaliste. Puis échangez les rôles.

WB *p. 60*

Can you dance?

No, I can't but I can...

Évaluation

Tu t'es préparé(e) pour l'évaluation que ton professeur va te distribuer.

Tu vas être évalué(e) sur ta compréhension d'un message oral et sur ton expression à l'oral.

	ÉCOUTER ET COMPRENDRE **Je comprends quand on parle de talents.**	RÉAGIR ET DIALOGUER **Je pose des questions à une personne sur ses talents et je parle des miens.**
A1	*Je comprends des termes simples concernant mon environnement familier (talents artistiques et sportifs).*	*Je pose quelques questions très simples (sur les talents artistiques et sportifs). Je réponds avec des mots isolés.*
A1+	*Je comprends plusieurs détails quand quelqu'un parle de son environnement familier (talents artistiques et sportifs).*	*Je pose plusieurs questions simples (sur les talents artistiques et sportifs). Je réponds avec des phrases simples.*

I ❤ British sports!

Look at the photos and solve the riddles.

People can practise this sport on ice too.
Put the letters in the right order.

K E C H Y O

Which picture is it?

1

Cricket looks like baseball, but it's different. People practise this sport in a lot of countries like India, Britain, Australia, etc.

Which picture is it?

2

There's an Oxford team and a Cambridge team in this rowing competition.
The Boat Race takes place in spring on the river Thames in London.

Which picture is it?

3

4

This sport is typically British. Girls and boys play with rackets and a shuttlecock.
You can play in a gym or outdoors. It's the cousin of tennis.

What sport is it?

PART 2 A1/A1+

Workshop 3 School in England

Rhythm & Rhymes

CD 1 piste 47 WB p. 61

Tu vas apprendre à :

Leçon 1
- comprendre un emploi du temps
- parler de ce que l'on possède

Leçon 2
- comprendre et parler d'un règlement
- décrire un uniforme

Leçon 3
- parler d'une *lunchbox*
- demander à qui appartient quelque chose.

Tu vas faire :

Prepare your project
- un jeu sur un emploi du temps anglais
- la présentation du règlement de ton collège

Your project
- **une affiche pour présenter ton jour d'école idéal**

Tu vas découvrir :

des écoles anglaises

Lesson 1 Experience an English school day!

1 Watch the video.
Is it a good day for Jessica?
Say why.
DVD   WB p. 62

2 Speak about Jessica's locker.

She's got her…,
but she hasn't got…

Prepare your project

Pupil A. What has Pupil B got in his/her schoolbag today? WB p. 66
Ask him/her questions and guess which day it is.
Pupil B. Choose a day and answer Pupil A's questions.
Swap roles. WB p. 167

YEAR 7 TIMETABLE

	9 am – 10	10 – 11	11 – 12	12 – 1 pm	1 pm – 2	2 – 3	3 – 4
Monday	Spanish	English	Geography	LUNCH	Music	Maths	Science
Tuesday	IT	Maths	Science	LUNCH	English	PE	
Wednesday	History	English	Maths	LUNCH	IT	Geography	Music
Thursday	Maths	Geography	English	LUNCH	Spanish	Art	
Friday	Science	Spanish	Maths	LUNCH	English	History	Drama

Have you got your Spanish textbook, Yanis?

No, I haven't.

I think it's Tuesday, because Yanis hasn't got his Spanish textbook, but…

Sounds

Les syllabes accentuées :

- ***app**le*
- ***note**book*
- *tech**nol**ogy*

WB p. 65

Words

→ p. 47

- a **lock**er
- a **note**book
- a **text**book
- **home**work
- a key ring
- a mess
- **ab**sent-**min**ded /aɪ/
- French
- **Span**ish
- maths
- science /aɪ/
- **his**tory
- ge**og**raphy
- art
- **dra**ma
- PE = **phys**ical edu**ca**tion
- IT = infor**ma**tion tech**nol**ogy /eɪ/

Tools

→ p. 46

Pour parler de ce que l'on possède, j'utilise :

- *have got*

*Have you **got** your trainers?*
*No, I **haven't**.*
*She**'s got** an apple.*

Lesson 2 Discover Eton, a famous English school

1 Look at the documents and say what you can.

From: Thomas.123@netmail.au
Sent: 03 September 2015 16:34
To: Jacob-and-Mary-West@netmail.au
Subject: My new school

Dear Grandpa and Grandma,

How are you? What's the weather like in Australia?

It's raining here in England! Well, I love my new school: it's called Eton. It's very famous and very old and it's got very strict rules. School starts early in the morning and we mustn't be late!

We've got a school uniform. We must wear a white collar, a white shirt, black trousers, a black waistcoat and a black tailcoat. Some pupils wear a white bow tie. We mustn't wear trainers or jeans at school and we mustn't use our mobiles in class, but life here is great fun!

See you!

Love from Thomas

TIME FOR **HISTORY** WB *p. 68*

2 Read the email and find information about the boy and his school.

WB *p. 68*

At Eton, pupils must...
They mustn't...

DID YOU KNOW?

Eton is a very old boys' school. Prince William and Prince Harry are two famous Etonians (students of Eton College).

VIDEO

Watch a video about Harrow, another famous English school!

Prepare your project

What about your school?
Say what you can, must or mustn't do.
Is it different from Eton?

Sounds

La prononciation de :
- *must*
- *mustn't*

WB *p. 69*

Words → *p. 47*

- a rule
- a **mo**bile /aɪ/
- a **u**niform
- a bow tie /aɪ/
- a shirt
- a **tail**coat
- a **waist**coat
- **trou**sers
- jeans
- **train**ers

Tools → *p. 46*

Pour dire ce que je dois faire ou pas, j'utilise :
- *must* et *mustn't*

*I **must** wear a uniform.*
*I **mustn't** be late.*

Lesson 3

Present your ideal school day!

1 Look at the picture and say what you can.

2 Listen to pupils at the school canteen. Whose lunchbox is it?

CD 1 *piste 52* MP3 *n°44* WB *p. 71*

3 **a.** Draw something (a school thing or food) beginning with the first letter of your name or surname.

b. Look at your classmates' drawings. Whose drawing is it?

Your project — Create a poster about your ideal school day.

a. Make groups of four and imagine your ideal school day.

Pupil A. Write your school rules on a piece of paper.
Pupil B. Draw your school uniform.
Pupil C. Draw your timetable.
Pupil D. Draw your lunchbox.

Stick your school rules and your drawings on the poster!

b. Present your ideal school day to the class.

c. Whose school day do you like best? Why?

Sounds

Les sons :

- /ʊ/ de *look*
- /uː/ de *whose*

WB *p. 72*

Words

→ p. 47

- the can**teen**
- a **lunch**box
- crisps
- a **cu**cumber **sand**wich
- a **jack**et

Tools

→ p. 46

Pour demander à qui appartient quelque chose, j'utilise :

- *whose*

***Whose** lunchbox is it?*
***Whose** crisps are they?*

Exercices d'entraînement → p. 129-130

1 *Have got*

■ Pour dire ce que l'on **possède** on utilise ***have got***.

	I / you / we/ they	*he / she / it*
Forme affirmative	*I **have got** a tie.* *I'**ve got** a tie.*	*He **has got** a tie.* *He'**s got** a tie.*
Forme négative	*I **haven't got** a tie.*	*He **hasn't got** a tie.*
Forme interrogative	***Have** I **got** a tie?*	***Has** he **got** a tie?*
Réponse courte	*Yes, I **have**.* *No, I **haven't**.*	*Yes, he **has**.* *No, he **hasn't**.*

2 *Must* et *mustn't*

■ Pour dire ce qui **obligatoire**, on utilise ***must***.
Pour dire ce qui est **interdit**, on utilise ***mustn't***.
Must et ***mustn't*** sont suivis d'une base verbale.

*They **must** wear a uniform.*

*They **mustn't** use their mobile phones.*

3 *Whose*

■ Rappel : pour exprimer le **lien** entre une **personne** et ce qu'elle **possède**, on utilise le **génitif**, représenté par ***'s***.

*It's my sister**'s** key ring.*

■ Pour demander **à qui appartient** quelque chose, on utilise ***whose***.

***Whose** lunchbox is it?*

■ *Whose* est suivi d'un nom **singulier** ou **pluriel**. Le verbe et le sujet s'accordent avec ce nom.

*Whose **locker** is it?* *Whose **ties** are they?*

Exercice 1

a. Que possèdent-ils ? Fais des phrases avec *have got*.

b. Fais quatre phrases pour dire si tu possèdes ces choses ou pas.

c. Écris quatre questions à ton ou ta camarade pour savoir s'il ou elle a ces objets dans son cartable.

Exercice 2

Complète.

a. I ... jeans, but I ... a tailcoat.
b. "... you ... orange trainers?" "Yes, I ... ."
c. My big brother ... a white bow tie.
d. "... your cousin ... a waistcoat?" "No, he ... ."

Exercice 3

Écris des phrases pour dire ce que ces panneaux signifient.

Ex. You mustn't use your mobile phone.

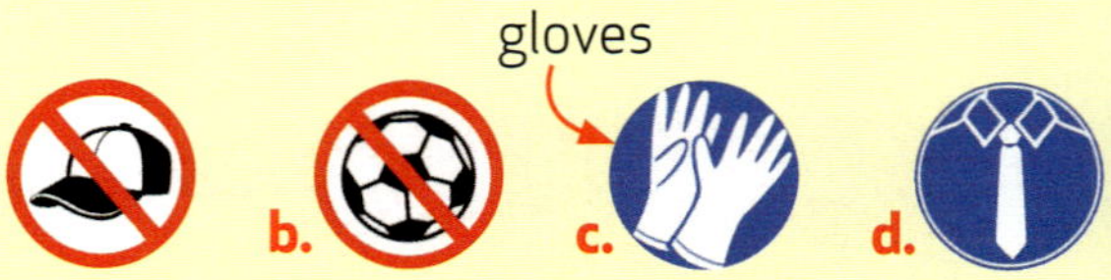

Exercice 4

Complète les phrases suivantes.

a. "... dog ... it?" "It ... Mary... dog."
b. "... sandwich ... it ?" "... is Noah... sandwich."
c. "Whose socks ... ...?" "They ... Sam... socks."
d. "... schoolbag ... ...?" "It ... Angie... schoolbag."

Exercice 5

Pose la question pour savoir à qui appartiennent ces objets, puis écris la réponse.

Laura Matthew Gabriel

My Picture Dictionary → p. 6-7

School things

MP3 n° 48

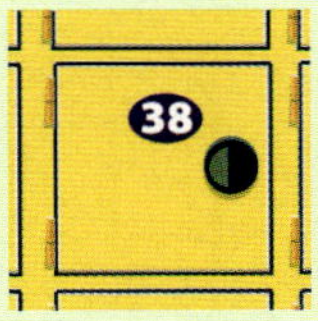

a **lock**er

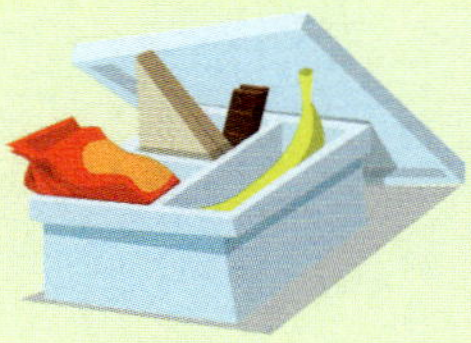

a **lunch**box

a **time**table

a **note**book

a **text**book

- **home**work
- a **proj**ect

Subjects

MP3 n° 49

- **his**tory
- ge**og**raphy
- maths
- science

IT = infor**ma**tion tech**nol**ogy

- PE = **phys**ical edu**ca**tion = sport
- art

- **mu**sic
- **Eng**lish
- French
- **Span**ish

drama

Uniform

MP3 n° 50

a tie

a bow tie

a shirt

a skirt

a **po**lo shirt

trousers

a **tail**coat

a **waist**coat

a **jack**et

Prépare-toi pour l'évaluation !

Révise tes outils

- Révise ton **vocabulaire**, en apprenant les mots de cette page.
- Révise tes connaissances en **grammaire**, en lisant les explications 1 à 3 p. 46. Puis refais les exercices 1 à 5 p. 46
- Relis les **leçons** dans ton cahier d'anglais.

Lis les mots concernant un thème, puis ferme ton livre. Écris tous les mots sur une feuille et vérifie !

*Dans l'explication **2**, apprends par cœur les deux exemples en violet et écris-les sur une feuille. Apprends aussi les quatre exemples de l'explication **3**.*

Entraîne-toi

- Fais les **activités multimédia** 37 à 44 sur le site : www.editions-hatier.fr/langues-eleves.
- Refais les **exercices d'entraînement** 22 à 31 p. 129-130 que tu as faits avec ton professeur.

Workshop 3 A1/A1+

Auto-évaluation

PARLER EN CONTINU

1. Je parle de ce qu'une personne possède ou pas.

Lauren est à Oxford avec sa classe.
Elle a oublié quelques affaires et téléphone à ses parents. Regarde les dessins et imagine le message qu'elle leur laisse pour dire ce qu'elle a ou pas.

WB p. 75

LIRE ET COMPRENDRE

2. Je comprends un règlement.

Lis ce texte et trouve de quel lieu il s'agit.

WB p. 75

In this place we must buy a ticket and we mustn't speak. We must be quiet and we mustn't phone. But we can wear special glasses and we can drink coke or eat popcorn!
Where are we?

Évaluation

Tu t'es préparé(e) pour l'évaluation que ton professeur va te distribuer.
Tu vas être évalué(e) sur ton expression à l'oral et sur ta compréhension d'un texte.

	PARLER EN CONTINU Je parle de ce qu'une personne possède ou pas.	LIRE ET COMPRENDRE Je comprends un règlement.
A1	*J'utilise des expressions simples et isolées pour parler de mon environnement familier (vêtements, fournitures scolaires).*	*Je comprends de quoi parle un texte court en m'appuyant sur quelques mots familiers (vêtements, fournitures scolaires).*
A1+	*J'utilise quelques phrases simples pour parler de mon environnement familier (vêtements, fournitures scolaires).*	*Je prélève quelques informations précises dans un texte court (vêtements, fournitures scolaires, règles de comportement).*

I ♥ ENGLISH SCHOOLS

Look at the photos and solve the riddles.

Just like Harry Potter, British pupils have morning assembly.
The Headmaster gives them information on school activities.
Then the lessons start.

Which picture is it?

We've got a special badge, because we're Head Boy and Head Girl in our school.
We represent the school.

Which picture is it?

I'm typically British.
I'm at the origin of cricket or baseball.
Boys and girls love playing me at school.
I'm

basketball **football** **rounders**

Which picture is it?

My first letter is the beginning of COMPUTER.
My second letter is the second letter in PLAY.
My third letter is in SUN but it isn't in SON.
My fourth letter is in BE but not in SEE.

I'm an after-school activity that all British children like. It can be dance, gardening, sports, etc.

Which picture is it?

PART 2 A1/A1+

Workshop 4 Welcome to my house!

Rhythm & Rhymes

CD 2 piste 01 WB p. 76

Tu vas apprendre à :

Leçon 1
- comprendre la description d'une chambre
- parler de la décoration de ta chambre

Leçon 2
- comprendre la description d'une maison britannique
- parler des goûts d'une famille

Leçon 3
- comprendre la description d'une maison imaginaire
- parler d'une maison hors du commun

Tu vas faire :

Prepare your project

- des choix pour décorer ta chambre idéale
- une enquête sur les goûts d'une drôle de famille

Your project

- **la présentation d'une maison imaginaire**

Tu vas découvrir :

des maisons britanniques

Lesson 1

Decorate your bedroom!

1 Look at Alex's room and speak about your bedroom.

2 Watch the video.

a. Say who Alex likes and why.

b. Who does Jessica like? Why?

DVD WB p. 76

Prepare your project

a. Imagine you can decorate your bedroom. Select a poster of a star or a character.

WB p. 81

Pupil A. Ask Pupil B questions about his/her choice.

Pupil B. Answer Pupil A's questions and justify your choices.

b. Recap on your classmate's choice.

Sounds

Le son /ʌ/ de :
- d<u>oe</u>s
- d<u>oe</u>sn't

WB p. 77

Words

→ p.55

- cute, **prett**y, **gor**geous ≠ **ug**ly
- smart = in**tell**igent ≠ **stu**pid
- **scar**y
- brave = cou**ra**geous (/eɪ/ /eɪ/)
- a **bed**room
- a bed
- a **cush**ion
- a **bed**side **ta**ble (/aɪ/ /eɪ/)
- an a**larm** clock
- a **mirr**or
- a **po**ster
- a box

Tools

→ p. 54

Pour échanger sur ce que l'on aime ou pas, j'utilise :
- des verbes de goûts (*love, like, hate…*)

*I **love** Princess Leia.*
*He **doesn't like** science fiction films.*

Pour éviter les répétitions, j'utilise :
- les pronoms personnels compléments

*Jessica doesn't like Darth Vader, but Alex likes **him**.*

Lesson 2 Visit a British house

1 Listen to Wendy and her American cousin. What's Wendy's favourite room?
CD 2 *piste 05* MP3 *n° 54* WB *p. 83*

TIME FOR **HISTORY** WB *p. 83*

2 Imagine Jason's living room.
Then ask your classmate questions.

Prepare your project

a. Place the members of the Mad family in their house and imagine their favourite activity there.

b. Ask your classmate questions.

WB *p. 88*

Sounds

La prononciation du s au pluriel :

- *streets* /s/
- *windows* /z/
- *houses* /ɪz/

WB *p. 85*

Words
→ p. 55

- a **liv**ing room
- a **din**ing room
- a **kitch**en
- a **bath**room
- a **toi**let
- an **att**ic
- a bow **win**dow
- a **so**fa
- a **ta**ble
- a chair
- a TV set
- a lamp
- a plant

Tools
→ p. 54

Pour échanger sur ce que l'on aime faire ou pas, j'utilise :

- des verbes de goûts (*love, like, hate*…) avec BV-*ing*

*Do you **like** cook**ing**? Yes, I do!*
*He **likes** mak**ing** cakes.*

Pour interroger sur le nombre d'éléments, j'utilise :

- *how many*

***How many** bedrooms are there?*

Lesson 3

Discover an extraordinary house!

1 Listen to Josh. Whose house is it? Be ready to justify your choice.
CD 2 *piste 09* MP3 *n° 58* WB *p. 90*

2 Listen and say if it's right or wrong. CD 2 *piste 10*
Correct when necessary.

Your project

Imagine an extraordinary house.

a. Create your wonderful house and present it to your classmate.
b. Pupil A. Ask Pupil B if he/she likes your house.
Pupil B. Answer Pupil A's questions and say why you like or you don't like the house.

My house is a shoe!
In my bedroom there are three shoe beds and...

Do you like my shoe house?

No, I don't, because I don't like sleeping in a shoe bed!

Work in pairs

Sounds

Le son /tʃ/ de *ch*air

WB *p. 90*

Words

→ *p. 55*

- huge = very big /juː/
- **com**fortable
- nice
- a**lone**
- weird = strange /ɪə/

- a **doub**le bed
- a **bed**side **ta**ble /aɪ/ /eɪ/
- a **cup**board
- a **car**pet

- a **fire**place /aɪə/
- a sink
- a bath
- an **arm**chair /tʃ/

- in
- on
- **un**der
- next to
- in front of

Toolbox

Exercices d'entraînement → p. 130-132

1 Les verbes de goûts

■ Pour parler de **goûts**, on peut utiliser les verbes suivants : ***like***, ***love***, ***hate***, ***prefer***…

*I **like** action films.* ♥ *She **loves** horror films.* ♥♥

*We **don't like** this book.* ✗ *They **hate** science fiction films.* ✗✗

	I / you / we / they	***he / she / it***
Forme affirmative	*I **like** my bedroom.*	*She **likes** action films.*
Forme négative	*They **don't like** my bedroom.*	*He **doesn't like** action films.*
Forme interrogative	***Do** you **like** my bedroom?*	***Does** he **like** action films?*
Réponses courtes	*Yes, we **do**.* *No, we **don't**.*	*Yes, he **does**.* *No, he **doesn't**.*

Exercice 1

Complète avec le verbe de goût conjugué qui convient.

a. I ♥♥ science fiction films.
b. Princess Leia ✗✗ Darth Vader.
c. My parents ♥ this house.
d. My sister and I ✗ homework!

Exercice 2

Réécris les phrases en utilisant le pronom personnel *she*.

a. I prefer your house.
b. We don't like the red carpet very much.
c. Do your cousins like this film?
d. My parents hate action films.

2 Les pronoms personnels compléments

■ Pour **éviter des répétitions**, on utilise des **pronoms personnels compléments**.

Rihanna is my favourite singer. I like Rihanna.

→ *Rihanna is my favourite singer. I like **her**.*

Pronoms personnels sujets	*I*	*you*	*he*	*she*	*it*	*we*	*you*	*they*
Pronoms personnels compléments	***me***	***you***	***him***	***her***	***it***	***us***	***you***	***them***

Exercice 3

Recopie ce paragraphe en remplaçant les répétitions soulignées par le pronom personnel complément qui convient.

Sarah is my cousin. I like Sarah very much. Her brother Tom is funny and I like Tom too. Sarah likes Lady Gaga, but Tom doesn't like Lady Gaga. My cousins are very nice. I love listening to music with my cousins.

3 Les verbes de goût avec BV-*ing*

■ Le **verbe qui suit** un verbe de **goût** prend la terminaison ***-ing***.

*We **like** read**ing** and watch**ing** TV in the living room.*

Exercice 4

Écris les phrases selon les indications. Pense à la terminaison du deuxième verbe !

a. The dog ♥ sleep on the sofa.
b. They ✗ cook .
c. I ♥ play tennis on Saturday afternoons.

4 *How many*

■ Pour **interroger** sur un nombre d'éléments, on utilise ***how many*** + un nom au pluriel.

***How many** books have you got?*

Exercice 5

Pose des questions et réponds comme dans l'exemple. N'oublie pas de mettre le nom au pluriel !

Ex. Kelly / cat / 2
→ "Kelly, how many cats have you got?" "I've got two cats."

a. Mrs Jones / computer / 3
b. Melissa / MP3 player / 2
c. Tim / dog / 4

Wordbox

My Picture Dictionary → p. 11

House

MP3 n° 61

Furniture

MP3 n° 62

a chair

an **arm**chair

a **so**fa

a desk

a **bed**side **ta**ble

a **fire**place

a **wash**basin
- a sink

a bath

- a bed
- a **dou**ble bed
- a **ta**ble

Objects

MP3 n° 63

a lamp

an a**larm** clock

a **cush**ion

a **mirr**or

a **car**pet

a plant

- a TV set

Prépare-toi pour l'évaluation !

Révise tes outils

- Révise ton **vocabulaire**, en apprenant les mots de cette page.
- Révise tes connaissances en **grammaire**, en lisant les explications 1 à 4 p. 54. Puis refais les exercices 1 à 5 p. 54.
- Relis les **leçons** dans ton cahier d'anglais.

Dessine une maison avec les pièces et les meubles sur une feuille et écris les légendes.

Récite les pronoms personnels sujets et compléments dans l'ordre, puis à l'envers. Tu as réussi ? CONGRATS!

Lis ta leçon chaque soir et écris une phrase que tu as retenue.

Entraîne-toi

- Fais les **activités multimédia** 45 à 51 sur le site : www.editions-hatier.fr/langues-eleves.
- Refais les **exercices d'entraînement** 32 à 41 p. 130-132 que tu as faits avec ton professeur.

Workshop 4 A1/A1+

Auto-évaluation

ÉCOUTER ET COMPRENDRE

1. Je comprends la description d'une chambre.

Écoute Lauren décrire sa chambre. CD 2 *piste* 13

a. Retrouve sa chambre entre ces deux illustrations.
b. Qu'aime faire Lauren dans sa chambre ? Donne des détails.
c. Quel défaut évoque-t-elle à la fin de sa description ? Est-ce un problème pour elle ?

WB *p.* 92

1

2

RÉAGIR ET DIALOGUER

2. Je parle avec quelqu'un de ma maison et de ce que j'y fais.

Pupil A. Pose des questions à ton (ta) camarade sur sa maison, sur les pièces qu'il (elle) aime et ce qu'il (elle) aime y faire.

Pupil B. Réponds aux questions de Pupil A et parle de ta maison.

Inversez les rôles.

How many...?

I've got...

Do you like cooking?

I like playing, but I don't like...

WB *p.* 92

Évaluation

Tu t'es préparé(e) pour l'évaluation que ton professeur va te distribuer.
Tu vas être évalué(e) sur ta compréhension d'un message oral et sur ton expression à l'oral.

	ÉCOUTER ET COMPRENDRE **Je comprends la description d'une pièce.**	RÉAGIR ET DIALOGUER **Je pose des questions à quelqu'un sur ses goûts et je parle de goûts.**
A1	*Je comprends des termes simples concernant mon environnement familier (pièces de la maison, mobilier, etc.).*	*Je pose quelques questions très simples (goûts, activités préférées, etc.).* *Je réponds avec des mots isolés.*
A1+	*Je comprends plusieurs détails concernant mon environnement familier (pièces de la maison, mobilier, etc.).*	*Je pose plusieurs questions simples (goûts, activités préférées, etc.).* *Je me fais comprendre avec des phrases simples.*

I ♥ British houses!

Look at the photos and solve the riddles.

This house has got small windows and it's in Stratford-upon-Avon.
It's the house of a very famous British writer.
One of his plays is *Romeo and Juliet*.

Who is he?
Which photo is it?

Harry Potter | Shakespeare | Batman

It's a big summer residence in Scotland for a very important family.
There are a lot of windows and there's a flag on top of the house.
This family likes walking in the park.

Whose castle is it?
Which photo is it?

1

2

3

The British Prime Minister lives here.
The address is 10 Downing Street.
It's next to the Thames and Big Ben.
There's a black door and a policeman is in front of the house.

In which city is it?
Which photo is it?

4

These houses are in trees.
They're tree houses!
This family must be a fan of Hogwarts the famous school of magic!

Do you know the name of Hogwarts' hero?
Which photo is it?

PART 2 A1/A1+

Workshop 5 Free time!

Rhythm & Rhymes CD 2 piste 14 WB p. 93

TIME FOR **HISTORY** WB p. 93

Tu vas apprendre à :

Leçon 1
- comprendre quelqu'un qui parle de ses habitudes
- parler de ta vie quotidienne et de tes horaires

Leçon 2
- comprendre les habitudes d'une star
- poser des questions sur les habitudes d'une star

Leçon 3
- comprendre un quiz de magazine
- parler de tes loisirs

Tu vas faire :

Prepare your project
- un compte rendu de tes loisirs habituels
- une interview sur le week-end d'une star

Your project
- **un quiz sur les loisirs de tes camarades**

Tu vas découvrir :

des attractions à Londres

Lesson 1

Speak about your routine

1 Watch the video and speak about Jessica's and Lauren's routines on Saturdays.

DVD WB *p. 94*

2 Look at the photo and say what Jessica often does. What happens at the end of the video?

Prepare your project

Pupil A. Speak about your routine on Sundays.
Pupil B. Recap on your classmate's routines.

Sounds

La prononciation du **s** à la 3e personne du singulier :

- *it starts* /s/
- *she sings* /z/
- *he finishes* /ɪz/

WB *p. 96*

Words → *p. 63*

- start ≠ end, **fin**ish
- wake up
- get up
- have **break**fast/ lunch/**dinn**er
- eat
- have a **show**er
- **prac**tise
- do my **home**work
- learn
- a **sing**ing class
- a **dra**ma class
- a **cos**tume
- a play
- **al**ways ≠ **nev**er
- **u**sually
- **of**ten
- **some**times
- late ≠ **ear**ly /eɪ/

Tools → *p. 62*

Pour parler de mes habitudes, j'utilise :

- le présent simple

*I **wake up** at 10. I **don't have** a shower!*

- les adverbes de fréquence

*I **always** sing in the bathroom.*

Pour préciser un horaire, j'utilise :

- l'expression de l'heure → *p. III*

*I usually get up at **quarter to 7**.*

Lesson 2

Discover a celebrity's weekend!

1 Look at the picture. Who is this woman?

2 Listen to this radio programme and speak about this woman's weekend.

CD 2 *piste 20* MP3 *n° 69* WB *p. 102*

3 Discover more about this woman. What's her routine?

WB *p. 102*

"When I work on a film, I sometimes sleep in luxury hotels, but I don't like it. Every day I get up very early. I have a shower then I get dressed. I work a lot of hours, sometimes 21 hours a day! When I don't work, I relax and I often watch television. I love watching TV!"

Prepare your project

Pupil A. Imagine you're a fan of Josh Hutcherson. Prepare four questions about his weekend.

Pupil B. Play the role of the journalist and answer Pupil A's questions.

Sounds

Le son /ɜː/ de :

- *first*
- *work*
- *early*

WB *p. 103*

Words

→ *p. 63*

- go to bed
- work
- have a **show**er
- get dressed
- have **break**fast
- watch **tel**evision/TV
- re**lax**
- walk the dog
- **vis**it my **fam**ily
- **ear**ly ≠ late

Tools

→ *p. 62*

Pour poser des questions sur les habitudes de quelqu'un, j'utilise :

- les *WH- questions*

***What** does she do at the weekend?*
***When** do they get up?*

Lesson 3

Do a quiz!

1 Listen to this conversation and talk about their favourite activities.

CD 2 *piste* 24 MP3 *n°* 73 WB *p.* 106

2 Mary made mistakes about Nadia's answers. Look at the quiz and find them!

HOW DO YOU SPEND YOUR FREE TIME?

On Saturdays do you usually...?

a. go shopping
b. listen to music
c. watch TV ✓
d. do your homework ✓

On Sundays do you usually...?

a. stay at home
b. visit your family ✓
c. go to the cinema
d. go to the ice rink

What's your favourite activity?

a. cooking
b. reading
c. surfing the Net
d. other ✓

How often do you do sport?

a. every day
b. every week ✓
c. every month
d. never

Your project

Create a quiz.

a. In pairs, write three or four questions about your classmates' free time activities.

b. Quiz your classmates. What do they do in their free time?

WB *p.* 110

Sounds

Le son /ju:/ de :

- music

WB *p.* 107

Words

→ p. 63

- **lis**ten to **mu**sic
- play **vid**eogames
- spend time
- go **shopp**ing
- do my **home**work
- stay at home
- go to the **cin**ema
- go to the ice rink
- dance
- read
- surf the Net
- **bor**ing ≠ **in**teresting
- **ev**ery day/week/month

Tools

→ p. 62

Pour poser des questions sur les habitudes de quelqu'un, j'utilise:

- les *yes/no questions*

***Do** you **usually listen** to music on Sundays?*

Toolbox

Exercices d'entraînement → p. 132-133

1 Le présent simple

■ Pour parler d'habitudes, on utilise le **présent simple**.

	I / you / we / they	**he / she / it**
Forme affirmative	*I **have** breakfast.*	*She **wakes up** at 6:30.*
Forme négative	*We **don't get up** at 6.*	*He **doesn't practise** regularly.*
Forme interrogative	***Do** they **have** breakfast at 7?*	***Does** she **sing** in the bathroom?*
Réponses courtes	*Yes, they **do**.* *No, they **don't**.*	*Yes, she **does**.* *No, she **doesn't**.*

■ On ajoute ***-es*** à la 3e personne du singulier quand la base verbale se termine par ***-ch***, ***-sh***, ***-o***, ***-s***, ***-x*** ou ***-z***.

*he/she watch**es*** *he/she go**es***

Exercice 1

Conjugue le verbe entre parenthèses au présent simple à la forme affirmative (+) ou négative (-).

a. I **(sing +)** in my bedroom.
b. My parents **(do -)** sport regularly.
c. Her brother **(practise +)** on Mondays.
d. Sarah **(go +)** to the swimming pool on Saturdays.
e. Bill **(walk -)** the dog every day.

2 Les adverbes de fréquence

■ Pour préciser la fréquence d'une action, on utilise des adverbes : ***always***, ***usually***, ***often***, ***sometimes***, ***never***.
Ils se placent juste avant le verbe, sauf dans le cas du verbe ***be***.

*She **always** has a shower in the morning.*

*I am **often** late in the morning.*

Exercice 2

Réécris les phrases en ajoutant les adverbes proposés entre parenthèses.

a. I have a bath at the weekend. (***usually***)
b. They go for a walk in the forest. (***never***)
c. We visit our grandparents on Sundays. (***sometimes***)
d. He is tired. (***never***)

3 Les *WH- questions*

■ Pour obtenir une information précise, on utilise un **mot interrogatif** (*what, where, when, who, why, how...*) en début de question. Il est suivi de l'auxiliaire ***do*** ou ***does***, du sujet et de la base verbale.

***Where do** you play football at the weekend?*

Exercice 3

Ajoute le mot interrogatif qui convient.

a. "**...** do you watch TV?" "After dinner."
b. "**...** does your cousin live?" "In Los Angeles!"
c. "**...** do they do at the weekend?" "They watch TV and go jogging."
d. " **...** does he go to the beach?" "Every day!"

4 Les *yes/no questions*

■ Pour poser une *yes/no question* sur les habitudes ou les goûts de quelqu'un, on commence la question par l'auxiliaire **do** ou **does**.

***Do** you have a bath every day?*
*→ Yes, I **do**. / No, I **don't**.*

***Does** he visit his family on Sundays?*
*→ Yes, he **does**. / No, he **doesn't**.*

Exercice 4

Pose les questions qui ont provoqué ces réponses.

a. Yes, I do. I have a bath at the weekend.
b. No, he doesn't. He doesn't go shopping every day.
c. Yes, she does. She goes to the ice rink every month.

Wordbox

My Picture Dictionary → p. 12 et 14

MP3 n° 76 Everyday routines

wake up

get up

have a **show**er

have a bath

brush my teeth

get dressed

eat

drink

go to school

go to bed

- have **break**fast/lunch/**din**ner
- do my **home**work

MP3 n° 77 Free time

watch TV

walk the dog

go **shopp**ing

read

- re**lax**
- **lis**ten to **mu**sic
- surf the Net
- play **vid**eogames
- go to the **cin**ema

MP3 n° 78 Frequency adverbs

never

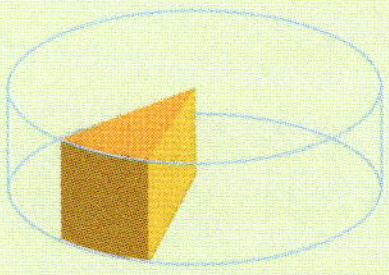
rarely

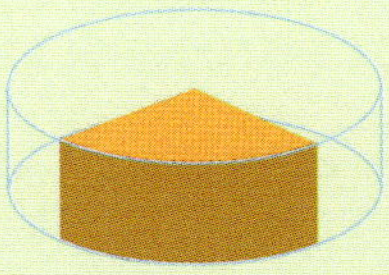
sometimes

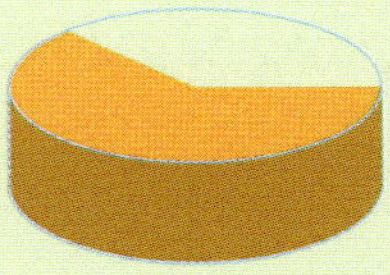
often

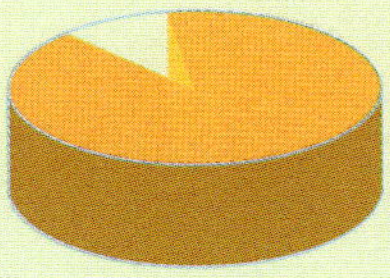
usually

always

Prépare-toi pour l'évaluation !

Révise tes outils

- Révise ton **vocabulaire**, en apprenant les mots de cette page.
- Révise tes connaissances en **grammaire**, en lisant les explications 1 à 4 p. 62. Puis refais les exercices 1 à 4 p. 62.
- Révise l'expression de l'heure avec la page *English time*, p. III.
- Relis les **leçons** dans ton cahier d'anglais.

Entraîne-toi

- Fais les **activités multimédia** 52 à 63 sur le site : www.editions-hatier.fr/langues-eleves.
- Refais les **exercices d'entraînement** 42 à 52 p. 132-133 que tu as faits avec ton professeur.

Mime les actions pour mieux t'en souvenir. Tu en connais plus de 12 ? ***HURRAY!***

Apprends par cœur les exemples en violet de l'explication ***4****.*

Écris une phrase affirmative, une phrase négative et une phrase interrogative sur une feuille.

Workshop 5 A1/A1+

Auto-évaluation

LIRE ET COMPRENDRE

1. Je comprends un texte sur la vie quotidienne de quelqu'un.

Voici un extrait du blog de Ryan, un jeune Irlandais qui évoque ses habitudes.

a. Lis-le et indique :
- ce qu'il fait toujours, souvent, parfois et jamais ;
- ce qu'il n'aime pas et donne une précision.

b. Explique à quoi correspondent les horaires suivants. Attention il y a deux intrus ! WB p. 111

Posted by Ryan **on** January 24th

Hi everyone!

Here's what I do at the weekend, in Cork, Ireland.

On Saturdays I never get up early! I get up at half past ten!

I don't like having the traditional breakfast. In Ireland, children often have a breakfast roll. It's a sandwich with bacon or sausage.

I often meet my friends at the park. We sometimes go to the ice rink in the afternoon, at four pm, or to the cinema. Films start at quarter past five. But we never watch love stories. We prefer action films!

I usually spend Sundays with my family. We always meet at the pub at quarter to twelve.

We have lunch and we listen to Irish music. There's a good atmosphere!

12.15 | 11.45 | 16.00 | 17.45 | 10.30 | 17.15

ÉCRIRE

2. Je rédige des questions sur les habitudes de quelqu'un et je réponds.

a. À partir de ces photos, rédige cinq questions pour connaître les habitudes de Mike. Varie tes questions !

b. Imagine et écris les cinq réponses aux questions que tu viens de poser.

WB p. 111

Évaluation

Tu t'es préparé (e) pour l'évaluation que ton professeur va te distribuer.

Tu vas être évalué(e) sur ta compréhension d'un texte et sur ton expression à l'écrit.

	LIRE ET COMPRENDRE Je comprends un texte sur la vie quotidienne de quelqu'un.	ÉCRIRE J'écris des questions et des informations sur la vie quotidienne.
A1	*Je comprends de quoi parle un texte court en m'appuyant sur quelques mots familiers (horaires, actions quotidiennes).*	*J'écris des mots isolés ou un message très court (actions quotidiennes, habitudes).*
A1+	*Je prélève quelques informations précises dans un texte court (horaires, actions quotidiennes).*	*J'écris quelques phrases simples (actions quotidiennes, habitudes).*

I ♥ free time in London!

Look at the photos and solve the riddles.

Teens often go to this place.
There are a lot of people and a lot of shops.
Acrobats and magicians always perform in the street here!
Where is it?

Londoners always take their friends to this place.
A lot of Harry Potter fans take a picture here!
It's very funny!
Where is it?

1. London Eye

2. Madame Tussauds

3. Covent Garden

Tourists like going up this round attraction.
They can see London from the top. Scary!
It's the symbol of 2000.
What is it?

In this museum, tourists can see models of famous people like One Direction, Barack Obama and Lady Gaga.
What's its name?

4. Platform 9 ¾ at King's Cross station

PART 2

Game time!

Let's do a class survey!

1. Read the class survey, answer and write one more question.

a. Have you got any brothers or sisters?

b. Are you messy?

c. Can you play an instrument?

d. Can you do magic tricks?

e. Is maths your favourite school subject?

f. Is your best friend in your class?

g. Do you like science fiction films?

h. Do you live in a flat?

i. Do you get up late at the weekend?

2. In turn, go to the front of the class and ask a question from the survey. Write down all the results of the survey.

Are you messy?
Put up your hand! One, two, three, four... and me! That's five pupils.

3. In pairs, write a sentence about your class and illustrate it. Then stick it on the classroom wall.

PART 3

A1/A1+/A2

Bienvenue dans la troisième partie de ton manuel !

Les *Workshops* de cette partie sont un peu plus longs pour te permettre **d'approfondir tes connaissances**.

Tu vas **réutiliser tout ce que tu as appris** jusqu'à présent et **t'envoler vers de nouveaux horizons**...

Pour t'aider à progresser :

- tes **exercices d'entraînement** 53 à 82 p. 133 à 137
- **My Picture Dictionary** p. 9, 12, 14, 16
- tes **activités multimédia** 64 à 90 sur le site www.editions-hatier.fr/langues-eleves

PART 3 A1/A1+/A2

Workshop 6 British

Rhythm & Rhymes

1. Listen and guess how the poem ends!

2. Now write your lines and illustrate them!

CD 2 *piste* 27 WB *p. 112*

Dinner time rhyme

Can you tell me if you please,
Who it is likes mushy peas?
Louise likes peas.
How about Kelly?
Kelly likes jelly.
How about Trish?
Trish likes fish.
How about Pips?
Pips likes [...]

June Crebbin

cooking

Tu vas apprendre à :

Leçon 1
- comprendre une émission de cuisine à la radio
- donner un prix
- comprendre une commande au restaurant
- acheter des desserts

Leçon 2
- comprendre une recette
- expliquer une recette

Tu vas faire :

Prepare your project
- l'achat de pâtisseries pour une *tea party*

Your project
- **une recette originale pour participer à *Junior MasterChef* !**

Tu vas découvrir :

des spécialités britanniques

Lesson 1 Discover British food!

A. On a food trip!

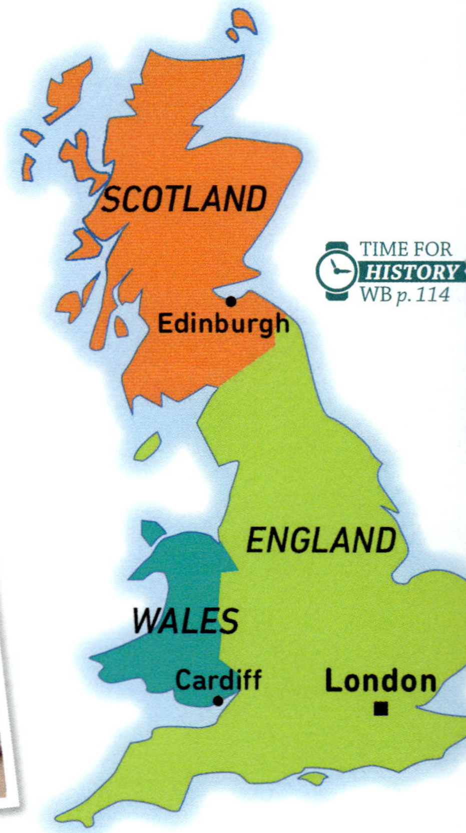

TIME FOR **HISTORY** WB *p. 114*

1 Listen to a radio programme about British food. Look at the photos and match the specialities with their region. CD 2 *piste 28* MP3 *n°79* WB *p. 113*

①

②

③

2 Read the riddles and find out the names of these British specialities.

I'm round and pretty. I have often got bright colours and funny decorations. Can you find my missing letters?

C - PC - K -

I'm a hot dish. I'm a very popular British takeaway food! You can eat me in a park, or enjoy me at the restaurant.
My name starts with the name of an animal which can swim very well.
What's my name?

- - - - AND - - - - -

Words

→ *p. 75*

- **Scot**land → **Scott**ish
- **Eng**land → **Eng**lish
- Wales → Welsh

- flour /aʊə/
- **sug**ar
- **butt**er

- an egg
- **ba**con /eɪ/
- **bak**ed beans /eɪ/ /iː/

- toast
- cheese /iː/
- a to**ma**to (*pl.* to**ma**toes)
- a **saus**age

B. Poor waiter…

1 Tim, the new waiter, has got memory problems.
Listen and correct his mistakes. CD 2 *piste* 29 MP3 *n°* 80

2 Listen and find out more about Tim's problems.
CD 2 *piste* 30 MP3 *n°* 81
WB *p.* 115

DID YOU KNOW?

This is British money.

C. Buy cakes for your tea party

Prepare your project

Pupil A. Buy four cakes at "The Sweet Bakery". You've got £10.50.
WB *p.* 167

Pupil B. You're the shopkeeper in "The Sweet Bakery". Answer Pupil A's questions.
WB *p.* 178

TIP
Sois poli avec le (la) vendeur(se) ou le (la) client(e) !

Sounds

La prononciation du *h* :

- *h*amburger

WB *p.* 116

Words → *p.* 75

- a **ham**burger
- chips /tʃ/
- soup
- **sal**ad
- **chick**en

Tools → *p.* 74

Pour passer commande au restaurant, j'utilise :

- les quantifieurs (1)

*Have you got **any** Welsh rarebit, please?*

Pour demander un prix, j'utilise :

- *how much*

How much is the hamburger?

Lesson 2

Prepare a dessert

A. Ready to cook?

CHOCOLATE CAKE

1 Listen to these ingredients and spot the right dessert.
CD 2 *piste 33* MP3 *n°84* WB *p. 119*

2 Here is a list of ingredients. What do you need for the three desserts in the pictures?

sugar • bread • butter • pear • apple • milk • chicken • flour • curry • baking powder • chocolate • carrot • egg • maple syrup

PANCAKES

MINI CARROT CAKES

B. A yummy recipe

1 Listen to Lucy. Put the pictures in the right order. CD 2 *piste 34* MP3 *n°85* WB *p. 120*

a

b

c

d

e

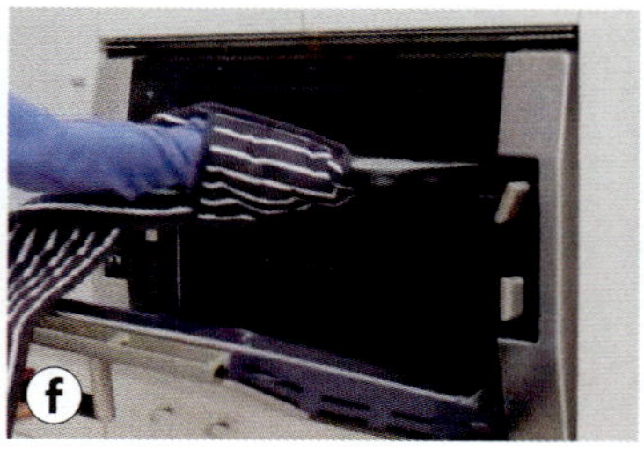

f

g

2 Now recap on the mini carrot cake recipe!

First, preheat... , then...

Sounds

Les sons :

- /ɪ/ de m<u>i</u>x
- /iː/ de p<u>ee</u>l

WB *p. 122*

Words

→ *p. 75*

- pre**heat**
- beat /iː/
- bake /eɪ/
- mix
- add
- pour /ɔː/
- peel
- grate /eɪ/
- an egg
- **sug**ar
- **butt**er
- flour
- **bak**ing **pow**der
- **ma**ple **syr**up /eɪ/ /ɪ/

Tools

→ *p. 74*

Pour comprendre une recette, j'utilise :

- l'impératif

***Don't forget** to add the baking powder.*
***Mix** all the ingredients together.*

C. Lucy's topping!

1 Lucy is very creative. Listen to the end of the recipe and spot Lucy's carrot cake.

CD 2 *piste 35* MP3 *n° 86*

2 Now recap on the ingredients for the topping. What are the quantities?

WB *p. 120*

VIDEO

Watch the TV show *Junior MasterChef*!

Reading Corner → *p. 114-115*

Your project Take part in Junior MasterChef!

a. In groups of three, create an original dessert to take part in Junior MasterChef!

b. Introduce yourselves and give the name of your dessert. Give the jury:
- the ingredients with the quantities,
- the instructions to prepare the dessert.

Words → *p. 75*

- **topp**ing
- cream cheese
- va**nill**a
- **i**cing **sug**ar
- **lem**on
- 1 **tea**spoon
- 1 **ta**blespoon
- spread (**o**ver)
- **sprin**kle

Tools → *p. 74*

Pour comprendre une recette, j'utilise :

- les quantifieurs (2)

*Add **a little** icing sugar. Not **much**!*

Toolbox

Exercices d'entraînement → p. 133-134

1 Les quantifieurs (1)

■ On utilise les **quantifieurs** ***some***, ***any*** et ***no*** pour parler de **quantité**.

Phrase affirmative	Phrase négative	Phrase interrogative
Quantité imprécise : *There is **some** sugar.* *There are **some** eggs.* **Quantité nulle :** *There is **no** sugar.* *There are **no** eggs.*	**Quantité nulle :** *There isn't **any** sugar.* *There aren't **any** eggs.*	**Quantité inconnue :** *Is there **any** sugar?* *Are there **any** eggs?*

■ On utilise ***some*** dans une question quand on sait qu'il y a ce que l'on veut.

*Can I have **some** cupcakes, please?*
(Je sais qu'il y a des cupcakes à la pâtisserie.)

Exercice 1

Complète avec *some*, *any* ou *no*.

a. There are **...** oranges, but there aren't **...** strawberries in the recipe.
b. Oh no! There's **...** milk! Oh cool! There's **...** orange juice.
c. Are there **...** chocolate biscuits?
d. We haven't got **...** cheese for the pizza.

2 How much

■ On utilise ***how much*** pour demander combien coûte quelque chose.

***How much** is the cupcake?*
(It's £1.50)
***How much** are the strawberries?*
(They're £3.90)

Exercice 2

Pose les questions et réponds à l'aide des étiquettes.

3 L'impératif

■ On utilise l'**impératif** pour donner des **instructions**, dans une recette par exemple.

■ À la **forme affirmative**, on utilise la **base verbale**.

***Beat** the eggs!*

■ À la **forme négative**, on ajoute ***don't*** devant la **base verbale**.

***Don't preheat** the oven!*

Exercice 3

Mets les mots dans l'ordre. Pense aux majuscules et à la ponctuation.

a. the eggs / to the mixture / add
b. the oven / preheat / first
c. forget / to grate the carrots / don't

4 Les quantifieurs (2)

■ On utilise les **quantifieurs** ***a few***, ***a little*** et ***a lot of***, ***much***, ***many*** pour parler d'une **petite** ou d'une **grande quantité**.

	Petite quantité	Grande quantité
Nom dénombrable au pluriel	***a few** carrots*	***a lot of** carrots* ***many** carrots*
Nom indénombrable	***a little** sugar*	***a lot of** sugar* ***much** sugar*

■ On n'emploie pas ***much*** et ***many*** dans une phrase affirmative.

*There aren't **many** baked beans.*
*Is there **much** chocolate in this cake?*

Exercice 4

Complète avec *a few*, *a little*, *a lot of*, *much* et *many*.

a. Yummy! There is **...** chocolate in this cake. Is there **...** butter too?
b. Add only **...** pears and **...** apples to the fruit salad.
c. We've only got **...** sugar, but we've got **...** flour and **...** eggs. We can make a cake.
d. I'm sorry! There's just **...** milk and there are just **...** biscuits for breakfast.
e. Do you need **...** flour for this recipe? I've only got **...** and I haven't got **...** carrots.

My Picture Dictionary → p. 9

MP3 n°90 English breakfast

MP3 n°92 Instructions

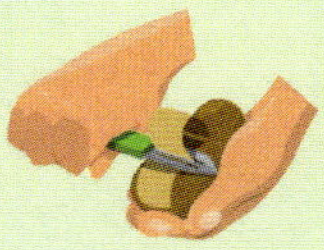
peel a po**ta**to

grate a **car**rot

beat the **but**ter

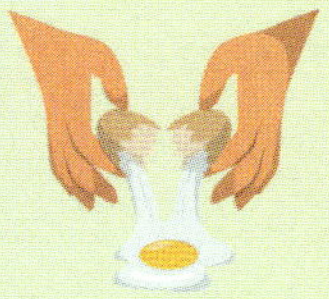
break an egg

mix the flour and the **sug**ar

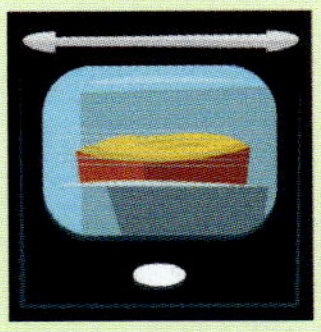
bake the cake

sprinkle **i**cing **sug**ar

MP3 n°91 Ingredients

flour

butter

sugar

icing **sug**ar

milk

cream cheese

baking **pow**der

maple **syr**up

chocolate ice cream

pear

va**nil**la

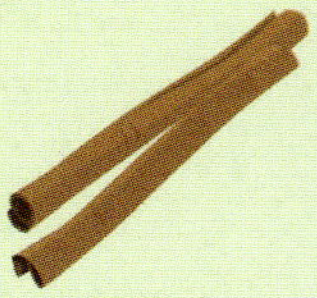
cinnamon

strawberry

a **ta**blespoon of **sug**ar

a **tea**spoon of **sug**ar

raisins

Prépare-toi pour l'évaluation !

Révise tes outils

- Révise ton **vocabulaire**, en apprenant les mots de cette page.
- Révise tes connaissances en **grammaire**, en lisant les explications 1 à 4 p. 74. Puis refais les exercices 1 à 4 p. 74.
- Relis les **leçons** dans ton cahier d'anglais.

Entraîne-toi

- Fais les **activités multimédia** 64 à 69 sur le site : www.editions-hatier.fr/langues-eleves.
- Refais les **exercices d'entraînement** 53 à 60 p. 133-134 que tu as faits avec ton professeur.

*Écris-les sur une feuille de brouillon et compare avec ton livre. Tu en connais plus de 20 ? **HURRAY!***

Apprends par cœur les exemples en violet.

*Tu as fait plus de 10 phrases sans erreurs ? **Good job!***

Workshop 6 A1/A1+/A2

Auto-évaluation

(1)

(2)

(3)

ÉCOUTER ET COMPRENDRE

1. Je comprends une recette.

a. Écoute la recette. CD 2 *piste* 39
De quel dessert s'agit-il?

b. Écoute la recette une seconde fois.
- Fais la liste des ingrédients.
- Quelles sont les différentes étapes de la recette ?

WB *p.* 125

PARLER EN CONTINU

2. Je parle d'un plat ou d'un dessert typiques.

Tu es serveur(se) dans un restaurant à Londres.
Un client ne connaît pas ces plats. Il aimerait en réaliser un.

a. Choisis-en un et indique l'origine du plat (pays et/ou région).
b. Explique comment le réaliser en précisant les ingrédients et leur quantité.
c. Indique combien coûte ce plat.

WB *p.* 125

Évaluation

Tu t'es préparé(e) pour l'évaluation que ton professeur va te distribuer.
Tu vas être évalué(e) sur ta compréhension d'un message oral
et/ou sur ton expression à l'oral.

	ÉCOUTER ET COMPRENDRE **Je comprends une commande au restaurant.**	PARLER EN CONTINU **Je présente une recette.**
A1	*Je comprends des termes simples sur la vie quotidienne (nourriture, prix, etc.).*	*J'utilise des expressions simples et isolées pour parler de la vie quotidienne (ingrédients, instructions courtes ou partielles).*
A1+	*Je comprends plusieurs détails concernant la vie quotidienne (nourriture, prix, etc.).*	*J'utilise quelques phrases simples pour parler de la vie quotidienne (ingrédients, instructions).*
A2	*Je comprends l'essentiel d'un support oral bref portant sur la vie quotidienne (commande, nourriture, prix).*	*J'utilise plusieurs phrases simples et reliées entre elles (étapes d'une recette).*

I ♥ FOOD ART

Carl Warner is an English food artist.
He lives and works in London... And he makes art you can eat, yummy!
He puts pieces of food on a large table to create "foodscapes". Then he takes a picture.

1. Say what ingredients you recognize in this artwork.
2. What does it represent?
3. Guess the title of the artwork:

Fish and Chips Board
Breakfast Board
Eggs Board

Banana Balloon

1. Say what fruit there is in this artwork.
2. What does it represent?

Are you a food artist?

1. Imagine a funny foodscape with pieces of food and show it to your friends.
2. Ask your classmates questions.

What does it represent?

I think it represents ladybirds, because...

PART 3 A1/A1+/A2

Workshop 7 A trip to

Rhythm & Rhymes

Listen and sing.

CD 2 *piste* 40 WB *p.126*

Can you dance?

Can you dance like the Irish do?
They hop and they smile
In Dublin they do.
Can you dance like the Irish do?
They hop and they smile
In Dublin they do [...]

Ireland!

Tu vas apprendre à :

Leçon 1
- comprendre des préparatifs de voyage
- comprendre ce qui se passe pendant un voyage
- commenter des actions

Leçon 2
- comprendre une visite de musée
- comprendre des MMS
- décrire ton environnement proche ou lointain

Tu vas faire :

Prepare your project
- un jeu de mimes

Your project
- **le jeu *Spot me in the picture!***

Tu vas découvrir :

l'Irlande, ses paysages et sa culture

Lesson 1 Let's go to Ireland!

A. Getting ready!

1 Look at the map and say what you can.

2 Listen and find out what Luke needs on his school trip.

CD 2 *piste 41* MP3 *n° 93* WB *p. 127*

TIME FOR **HISTORY** WB *p. 127*

Words → *p. 85*

- a coach /əʊ/
- a boat
- a map
- need
- pack

- a bag
- a **suit**case /uː/
- an um**brell**a
- a **rain**coat
- **train**ers
- **rubb**er boots /ʌ/

- a **toi**let bag
- a **tooth**brush /ʌ/
- **tooth**paste /eɪ/
- sham**poo**

- a comb
- soap
- hair gel
- cute

B. We're arriving!

1 **Listen and speak about Leila's problem.**

CD 2 *piste* 42 MP3 *n°* 94 WB *p.* 128

Wicklow Mountains

2 **Listen and say what they're doing.**

CD 2 *piste* 43

C. Play a mime game!

Prepare your project

Pick up a card and mime the action.

TIP

Tu peux dire à ton(ta) camarade s'il(elle) a raison ou tort en utilisant : *You're right!* ou *Sorry, you're wrong!*

Sounds

L'accentuation de *-ing* :

- *They're sleep<u>ing</u>.*

WB *p.* 129

Words

→ p. 85

- a **moun**tain /aʊ/
- a spot
- a car park
- a **hair**brush /ʌ/
- a **cam**era
- take **pic**tures
- **lis**ten to **mu**sic
- find /aɪ/
- get off the bus / the coach
- out**side** ≠ in**side** /aɪ/

Tools

→ p. 84

Pour commenter une action en cours de réalisation, j'utilise :

- le présent en *be* + BV-*ing*

He is sleeping.
Are you listening?

Lesson 2 Visit Ireland!

A. At the souvenir shop

1 Listen to Leila and speak about these objects.
CD 2 *piste 46* MP3 *n° 97* WB *p. 132*

2 What does she buy in the end?

B. A surprising museum!

Listen and say what you can about this museum.
CD 2 *piste 47* MP3 *n° 98* WB *p. 133*

TIME FOR *HISTORY* WB *p. 133*

Words

→ p. 85

- a **sou**venir shop
- a **sham**rock
- an um**brell**a
- a mug /ʌ/
- € = **eu**ro /jʊə/
- £ = pound /aʊ/
- a **mu**seum
- a boat
- **glass**es
- a comb
- a chain
- a **hel**met
- a sword
- a **wea**pon /e/
- **hea**vy
- huge /hjuː/
- here ≠ **o**ver there
- buy /aɪ/
- be **care**ful

Tools

→ p. 84

Pour parler de quelque chose qui se trouve près de moi, j'utilise :

- *this* au singulier et *these* au pluriel

*Look at **this** helmet and **these** weapons!*

Pour parler de quelque chose qui se trouve loin de moi, j'utilise :

- *that* au singulier et *those* au pluriel

***That** mug is nice.*
*How much are **those** umbrellas?*

C. Pictures from the trip!

Read Leila's two MMS and speak about her visits. WB *p. 136*

today 09:35

Hi Julia! I'm on the bus. Yesterday we discovered the beautiful lakes and mountains of Connemara National Park. Look at that wonderful landscape behind me! And look at this cute pony. Her name's Eirin. She's showing her friendly face! Do you like her?

today 15:10

Hello again! Look! Here I am walking in Galway with Jenny. We're looking for souvenirs! Aren't the houses gorgeous? Look at those colours! Bye! XXX

Your project

Spot me in the picture!

Pupil A. Choose a holiday picture and imagine where you are in the picture.
Describe what you can see and what you're doing.

Pupil B. Listen to Pupil A and find out where he/she is.
Then swap roles.

WB *p. 137*

I'm walking in an Irish street...

I think you're in this photo! You're looking at...

Work in pairs

Sounds

La prononciation du *th* :

- /ð/ de *this*, *that*
- /θ/ de *North*, *think*

WB *p. 136*

Words

→ *p. 85*

- a lake /eɪ/
- a **moun**tain /aʊ/
- a **land**scape
- a **po**ny (*pl.* **po**nies)

- **beau**tiful
- **won**derful
- **gor**geous /ə/
- **friend**ly

- dis**cov**er
- show
- look for

- **yes**terday ≠ to**day**

Exercices d'entraînement → p. 134-135

1 Le présent en *be* + BV-*ing*

■ Pour parler d'une action en **cours de réalisation**, on utilise le présent en ***be*** + BV-***ing***.

	Forme affirmative	Forme négative	Forme interrogative
I	*I **am** playing.*	*I'**m** **not** packing.*	***Am** I listening?*
he / she it	*She **is** playing.*	*He **isn't** packing.*	***Is** she listening?*
you / we they	*You **are** playing.*	*They **aren't** packing.*	***Are** we listening?*

⚠ Quand la base verbale se termine par un ***-e***, ce ***-e*** final disparaît quand on ajoute ***-ing***.

take → taking

⚠ Quand la base verbale se termine par une **seule voyelle suivie d'une seule consonne**, et que sa **dernière syllabe est accentuée**, on double la consonne.

stop → stopping
forget → forgetting
mais *listen → listening*

Exercice 1

Ajoute *-ing* aux bases verbales suivantes. Fais attention aux modifications orthographiques !

a. take **b.** visit **c.** look
d. travel **e.** phone **f.** run
g. rain **h.** read **i.** get off

Exercice 2

Observe et dis ce qu'ils sont en train de faire ou pas.

a. She isn't sleeping. She's ...

a.

b.

c.

d.

e.

2 Les déterminants *this, that, these, those*

■ Pour désigner des **choses** ou des **personnes proches**, on utilise ***this*** au singulier ou ***these*** au pluriel.

■ Pour désigner des **choses** ou des **personnes éloignées**, on utilise ***that*** au singulier ou ***those*** au pluriel.

*Look at **this** mug!*

*Look at **these** mugs!*

*Look at **that** mug!*

*Look at **those** mugs!*

Exercice 3

Réécris les phrases a. et b. au pluriel et les phrases c. et d. au singulier.

Attention aux déterminants et à la conjugaison du verbe.

a. This sword is very big.
b. That pony is cute.
c. These chains are heavy.
d. Those mountains are beautiful.

Exercice 4

Quel déterminant utilises-tu pour désigner ces éléments ?

Ex : that castle

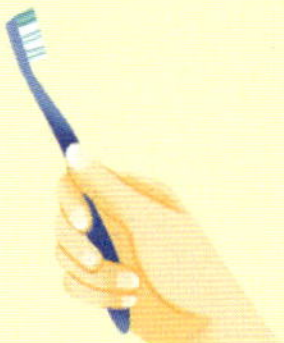
a.

b.

c.

d.

Wordbox

My Picture Dictionary → p. 16

Transport
MP3 n°103

- a coach
- a boat
- a train
- get off the coach
- a plane

In my suitcase
MP3 n°104

- a bag
- a **cam**era
- a **rain**coat
- an um**brell**a
- **rubb**er boots
- a map

Tourism
MP3 n°105

- great
- **gor**geous = **beau**tiful
- cute

- take **pic**tures
- visit a **mu**seum

In my toilet bag
MP3 n°106

- **tooth**paste
- a **tooth**brush
- soap
- a comb
- a **hair**brush
- sham**poo**
- hair gel

Prépare-toi pour l'évaluation !

Révise tes outils

- Révise ton **vocabulaire**, en apprenant les mots de cette page.
- Révise tes connaissances en **grammaire**, en lisant les explications 1 et 2 p. 84. Puis refais les exercices 1 à 4 p. 84.
- Relis les **leçons** dans ton cahier d'anglais.

Entraîne-toi

- Fais les **activités multimédia** 70 à 78 sur le site : www.editions-hatier.fr/langues-eleves.
- Refais les **exercices d'entraînement** 61 à 66 p. 134-135 que tu as faits avec ton professeur.

Fabrique une fiche de révision par thème (Transport, Tourism...).

Lis-bien les consignes des exercices !

Lis une leçon chaque soir et écris ce que tu as retenu sur une feuille.

Workshop 7 A1/A1+/A2

Auto-évaluation

PARLER EN CONTINU

1. Je commente une scène.

Au retour de ton voyage en Irlande, tu montres à ta grand-mère, qui ne voit pas très bien, un dessin de ton carnet de voyage. Décris-lui la scène.

WB *p. 139*

LIRE ET COMPRENDRE

2. Je comprends une carte postale.

a. Qui a écrit cette carte postale ? À qui ?
b. Où était précisément l'auteur de la carte postale lorsqu'il l'a écrite ?
c. L'auteur de la carte est-il globalement satisfait ?
Justifie ta réponse en donnant trois renseignements.

WB *p. 139*

Hello Grandma and Grandpa,
How are you?
I'm in Ireland on a school trip! I'm writing this postcard on the bus, so, sorry for the writing
I'm having a great time with my friends. Dublin's an exciting city! And look at this bridge and those buildings! Aren't they gorgeous?
See you!
Love from Tom

Évaluation

Tu t'es préparé(e) pour l'évaluation que ton professeur va te distribuer.
Tu vas être évalué(e) sur ton expression à l'oral et sur ta compréhension d'un texte.

	RÉAGIR ET DIALOGUER **Je commente une scène et je réagis.**	LIRE ET COMPRENDRE **Je comprends un message écrit.**
A1	*Je communique avec des mots isolés (verbes d'actions, lexique concret).*	*Je comprends de quoi parle un texte court en m'appuyant sur quelques mots familiers (verbes d'action, vocabulaire d'appréciation).*
A1+	*Je me fais comprendre avec quelques phrases simples (actions en cours, lexique concret).*	*Je prélève quelques informations précises dans un texte court (verbes d'action, vocabulaire d'appréciation).*
A2	*Je réagis en utilisant plusieurs phrases simples et reliées entre elles (actions en cours, commentaire d'image).*	*Je comprends l'essentiel d'un texte court en prélevant plusieurs informations précises (verbes d'action, vocabulaire d'appréciation, goûts).*

I ♥ CELTIC MUSIC!

People play Celtic music in the UK, but it's particularly important in Scotland and Ireland. Here are the musical instruments Celtic musicians usually play.

Celtic music instruments

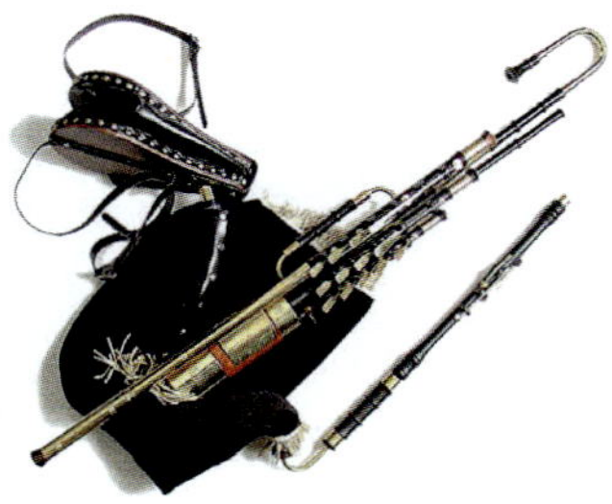
pipes

harp

accordion

bodhrán

violin

flute

Lúnasa is a famous Celtic music group. There are five musicians in the band.

1. Look at the photo. Which instruments can you identify?

2. Visit Lúnasa's website: www.lunasa.ie.
Find two musicians' names and two album titles. Watch their videos. What is your favourite song?

Are you a Celtic artist? CD 2 *piste 52*

1. Listen to a music piece by an Irish group called Danú.

2. Do you like this music? Why? Why not?

I hate the fiddle. | serious | funny | quick | happy | I like dancing. | sad

PART 3 A1/A1+/A2

Workshop 8 Scotland's

VIDEO

Watch a video about Scotland.

Rhythm & Rhymes

Listen and learn the poem.

CD 3 *piste 01*

WB *p.140*

Everywhere we go
People always ask us
Who we are
And where we come from
And we tell them
We come from Edinburgh
Bonny bonny Edinburgh
And if they cannot hear us
We shout a little louder

magic!

Tu vas apprendre à :

Leçon 1
- comprendre une visite guidée
- comprendre de courtes biographies historiques

Leçon 2
- comprendre et écrire quelques lignes d'une légende écossaise

Tu vas faire :

Prepare your project
- une courte biographie imaginaire

Your project
- **la fin d'une légende**

Tu vas découvrir :

l'Écosse, une terre de légendes

Lesson 1

Speak about Scotland's past

A. On a ghost tour!

1 Look at the documents and say what you can.

2 Listen and find information about the ghost tour.

CD 3 *piste 02* MP3 *n° 107* WB *p. 140*

3 Read the text and answer the question.

Who am I?

I was born a very long time ago and I lived in Edinburgh. I died when I was 26 years old. I'm famous and today a lot of tourists know my name.

Sounds

La terminaison *-ed* :

- *called* /d/
- *touched* /t/
- *visited* /ɪd/

WB *p. 141*

Words → *p. 95*

- a guide /aɪ/
- a **tou**rist
- an **ac**tor
- a ghost
- a cas(t)le
- a **cor**ner
- a **shoul**der /əʊ/

- a**fraid**
- **vis**it → **vis**ited
- ar**rive** → ar**rived** /aɪ/
- play → played
- touch → touched /ʌ/

- scare → scared
- scream → screamed
- die → died /aɪ/
- stay → stayed
- have → had
- be → was/were

Tools → *p. 94*

Pour dire une date, j'utilise :

- l'expression des dates

1785: seventeen eighty-five

Pour parler du passé, j'utilise :

- le prétérit (1)

*I **called** you yesterday.*
*I **was** in Edinburgh.*

B. Surprising Scottish facts

1 Read these biographies. What's surprising? WB *p. 142*

Mary Stuart was born in 1542. She became Queen of Scots when she was only 6 days old! Her mother sent her to France. Mary learned how to be a princess. She took French, Italian and Latin lessons. When she was sixteen she married the French Prince Francis.

Greyfriars Bobby (1856-1872) was a Scottish dog. He lived in Edinburgh. When his master died, he was terribly sad... So he sat on his master's grave* every afternoon for fourteen years.

The statue of Greyfriars Bobby, in Edinburgh.

* *tombe*

2 Listen and say what's wrong. CD 3 *piste 06*

Arthur Conan Doyle (1859-1930) wrote the stories about Sherlock Holmes, a very famous detective. Arthur loved sports. He played football, cricket and golf.

TIME FOR ***HISTORY*** WB *p. 145*

C. Write a surprising biography!

Prepare your project

Look at the pictures and choose an imaginary character. Write his/her surprising biography (five or six sentences). WB *p. 145*

Angus MacAllister (1674-1728)

Eileen MacBeth (1673-1735)

Words → *p. 95*

- a Scot = a **Scott**ish **per**son
- a de**tec**tive
- a **sto**ry
- a grave /eɪ/
- **fa**mous /eɪ/

- be**come** → be**came**
- sit → sat
- take → took
- write → wrote
- send → sent

Tools → *p. 94*

Pour parler du passé, j'utilise :

- le prétérit (1)

*Mary **became** Queen of Scots when she **was** 6 days old.*

Lesson 2 Discover a Scottish legend!

A. A dangerous place

1 Look at the picture and read the text. Who is it? (name, nationality...) WB p. 147

A long time ago in Scotland, there was a Scottish boy named Willie. One day, he played with a big scone. He rolled it down the hill but suddenly...

a scone
a hole

2 Read the three paragraphs. Match each paragraph with the right picture. WB p. 147

1 *Willie saw a hole, but it was too late! The scone fell into the hole... And Willie fell too! He screamed.*

2 *Where was he? He didn't know... Suddenly he saw Lukki Minnie the witch! She caught him and he became her prisoner.*

3 *She put Willie in a sack next to the fire. She didn't want to eat potatoes for dinner: she wanted to eat him! Willie wasn't happy at all.*

a

b

c

3 Play in teams.
Correct what's wrong and win a point for your team!

Words → p. 95

- a scone /ɒ/
- a hill
- a fire /aɪə/
- a witch
- a **pris**oner

- see → saw
- fall → fell
- be → was/were
- catch → caught
- put → put
- want → **want**ed

Tools → p. 94

Pour parler du passé, j'utilise :

- le prétérit (2)

*She **didn't want** to eat potatoes.*
*He **wasn't** happy at all!*

B. The angry witch!

1 Listen to the second part of the legend. Put the pictures in the right order.

CD 3 *piste 07*
MP3 *n° 111*
WB *p. 147*

2 Look at the picture and choose the text which corresponds to the end of the story.

A *Then Willie ran to the sea, but the witch caught him again. Poor Willie!*

B *Then Willie ran to the sea. Witches don't like water, so Willie escaped!*

3 You're the teacher. Prepare three yes/no questions and quiz your classmate!

Your project

Write the end of a ghost story!

a. Read this Scottish ghost story.
b. Write four or five sentences and imagine the end!

WB *p. 151*

One day, three friends decided to have a picnic in the Scottish countryside.
It was only 1 pm but suddenly, night fell…
How scary!

Sounds

Les lettres muettes :

- *knife*
- *night*

WB *p. 148*

Words

→ p. 95

- the **coun**tryside /ʌ/
- the sea
- a knife /aɪ/
- **scar**y

- go → went
- bark → barked
- hear → heard
- run → ran
- es**cape** → es**caped**
- find → found /aʊ/

Tools

→ p. 94

Pour parler du passé, j'utilise :

- le prétérit (2)

***Was** the witch **angry**?*
***Did** she **catch** Willie?*

Toolbox

Exercices d'entraînement → p. 135-136

1 Les dates

- On lit les années par **bloc de deux chiffres**.

1926: nineteen twenty-six   1605: sixteen oh-five

- Entre 2000 et 2010, on lit les années comme on lit **les nombres**.

2002: two thousand and two

- À partir de l'année 2010, on peut lire l'année par **bloc de deux chiffres** ou comme **un nombre**.

2015: twenty fifteen = two thousand and fifteen

- Pour donner des précisions sur une date, on ajoute ***in*** devant une **année** ou un **mois** et ***on*** devant un **jour**.

***in** 1967*   ***in** February 1971*   ***on** Wednesday*   ***on** 4th June*

Exercice 1

Ajoute la préposition qui convient et dis l'année à voix haute.

a. ... Monday
b. ... March
c. ... 1820
d. ... November 1967
e. ... Saturday 31st January 1970
f. ... September 10th 2017
g. ... April 2007

2 Le prétérit (1) : la forme affirmative

- Pour parler du **passé,** on utilise le **prétérit**.
- À la **forme affirmative**, on ajoute ***-ed*** à la base verbale des verbes **réguliers**.

*I visit**ed** London with my parents.*

⚠ On ajoute uniquement ***-d*** aux verbes se terminant par ***-e***.

*arrive → arrive**d***

⚠ Le ***-y*** se transforme en ***-i*** quand on ajoute ***-ed***.

*cry → cr**ied***

⚠ Quand un verbe d'**une syllabe** se termine par une seule **voyelle** puis une **consonne**, on **double** la dernière consonne.

*stop → sto**pp**ed*

- Il faut apprendre le prétérit des verbes **irréguliers** par cœur.

Be et ***have*** sont irréguliers. → p. 176

*be → **was/were***   *have → **had***

Exercice 2

Écris le prétérit de ces verbes réguliers.

a. call **b.** die **c.** scare
d. play **e.** touch **f.** scream

Exercice 3

Conjugue les verbes de cette biographie au prétérit.

Agatha Christie (be) an English writer and she (be) born in 1890. She (write) a lot of detective novels and she (invent) two famous detectives, Hercule Poirot and Miss Marple. She (become) very famous in 1926. She (have) one daughter. She (die) in 1976.

3 Le prétérit (2) : les formes négative et interrogative

- À la forme **négative** et **interrogative**, tous les verbes (réguliers et irréguliers) se conjuguent de la même façon.

Forme négative	Forme interrogative
*He **didn't** __**catch**__ the witch.* *They **didn't** __**see**__ her.*	*When **did** they __**die**__?* ***Did** she __**write**__ poems?*

⚠ On ajoute **directement** la **négation** à ***be*** conjugué.

*I **wasn't** at home.*

⚠ ***Be*** conjugué se place **avant le sujet** dans les **questions**.

***Were** you with your parents?*

Exercice 4

Mets les phrases suivantes à la forme négative. Attention à la négation de *be* !

a. The tourists arrived yesterday.
b. There was a ghost in my room!
c. We went to Liverpool.
d. They saw a castle.
e. They were in Edinburgh.

Exercice 5

Mets les mots dans l'ordre pour former des questions.

a. he / fall / did / down the hill / ?
b. the witch / was / happy / ?
c. have / did / the guide / a black hat / ?
d. were / beautiful / the castles / ?

Wordbox

My Picture Dictionary → p. 14 et 16

MP3 n°114 Tourism

a **tou**rist

a guide

a **ca**stle

a hill

the **coun**tryside

the sea

MP3 n°115 Actions

send

catch

fall

scream

scare

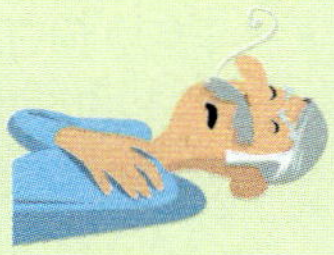
die

MP3 n°116 Legends and stories

a ghost

a witch

a de**tec**tive

a **pris**oner

a fire

- a**fraid**
- **scar**y

MP3 n°117 Irregular verbs

be	→ was/were	know	→ knew
become	→ became	make	→ made
catch	→ caught	put	→ put
come	→ came	run	→ ran
cut	→ cut	see	→ saw
fall	→ fell	send	→ sent
find	→ found	sit	→ sat
go	→ went	sleep	→ slept
have	→ had	take	→ took
hear	→ heard	write	→ wrote

→ p. 176

Prépare-toi pour l'évaluation !

Révise tes outils

- Révise ton **vocabulaire**, en apprenant les mots de cette page.
- Révise tes connaissances en **grammaire**, en lisant les explications 1 à 3 p. 94. Puis refais les exercices 1 à 5 p. 94.
- Relis les **leçons** dans ton cahier d'anglais.

Apprends les verbes irréguliers et vérifie que tu les connais en cachant la colonne de droite.

*Apprends par cœur la phrase en violet de l'explication **2** et les exemples du tableau de l'explication **3**.*

Entraîne-toi

- Fais les **activités multimédia** 79 à 84 sur le site : www.editions-hatier.fr/langues-eleves.
- Refais les **exercices d'entraînement** 67 à 75 p. 135-136 que tu as faits avec ton professeur.

Workshop 8 A1/A1+/A2

Auto-évaluation

LIRE ET COMPRENDRE

1. Je comprends un récit.

Lis le texte et réponds aux questions.

a. Où se passe cette scène ? À quel moment de la journée ?

b. Qui sont les personnages ?

c. Trouve trois détails étranges dans la scène.

WB *p. 153*

ÉCRIRE

2. Je rédige quelques lignes d'un récit.

Imagine la suite du récit.
Écris quatre ou cinq lignes.

WB *p. 153*

Mark and his sister Abby were in Scotland, near Edinburgh. They wanted to visit a famous castle there. It was 3 pm when they arrived at the castle. It was very dark and it started to rain so they ran to the door. Mark looked up and he saw a woman with white hair at a window. She had a blue apple in her hand.
The woman walked down the stairs and opened the door. She had a black cat on her shoulder and all her clothes were black too. She didn't smile and said: "Come in, children! I love children!"
Mark looked at the woman. Who was she? How strange! There was a knife and a carrot in her pocket...

Évaluation

Tu t'es préparé(e) pour l'évaluation que ton professeur va te distribuer.
Tu vas être évalué(e) sur ta compréhension d'un texte et sur ton expression à l'écrit.

	LIRE ET COMPRENDRE Je comprends un récit.	ÉCRIRE Je rédige quelques lignes d'un récit.
A1	*Je comprends de quoi parle un texte court en m'appuyant sur quelques mots familiers (lexique de la légende).*	*J'écris des mots isolés ou un message très court (lexique de la légende).*
A1+	*Je prélève quelques informations précises dans un texte court (lexique de la légende, verbes au passé).*	*J'écris quelques phrases simples (lexique de la légende, verbes au passé).*
A2	*Je comprends l'essentiel d'un texte court en prélevant plusieurs informations précises (lexique de la légende, verbes au passé, repères chronologiques).*	*J'écris quelques phrases simples et reliées entre elles (lexique de la légende, verbes au passé, repères chronologiques).*

I ♥ LAND ART!

Andy Goldsworthy lives and works in Scotland.

He's a land artist: he makes art with natural elements (rocks, branches, leaves*, snow, water…).

Then he takes a picture of his artworks.

* *des feuilles*

After

Rain Shadow,
St. Abbs (Scotland), 1984

Before

1. What does this artwork represent?
2. Say what the artist used to create his artwork.

rain · sun · leaves · branches · rocks

Woven branch circular arch,
Langholm (Scotland), 1986

3. What natural element did the artist use for this artwork?
4. Imagine this is a door. Imagine what happens when you cross the door!

When we cross the door we can see… and…

Are you a land artist?

1. Use natural elements (leaves, rocks...) to create an artwork. Take a picture.
2. Show it to your classmates and describe it.

There are green, yellow, orange and red leaves because…

PART 3 A1/A1+/A2

Workshop 9 A holiday

VIDEO

Watch a video about New York.

Rhythm & Rhymes

Listen to the song. DVD

I love New York
I love New York
Central Park
Broadway
and Times Square [...]

Play a memory game.
How many sites do you remember?

WB p.154

in New York!

Tu vas apprendre à :

Leçon 1
- comprendre des projets de vacances
- parler de sites touristiques

Leçon 2
- choisir et préparer des visites culturelles
- faire des suggestions et réagir à des propositions d'activités

Tu vas faire :

Prepare your project
- un jeu de devinettes sur les monuments

Your project
- **un programme de visites touristiques**

Tu vas découvrir :

la ville de New York

Lesson 1 Visit the Big Apple!

A. Amazing news

DID YOU KNOW?

There are a lot of skyscrapers in New York. They form the New York skyline. The tallest building is the One World Trade Center.

1 Read the email. Say everything you can about Josh.

More | 1–50 of 3,309 | En

New mail

Inbox

From: radiogame@radio25.com
To: josh.smith@mymail.com
Subject: Holiday game competition

Congratulations Josh!
You're the winner of our holiday game! You're the best!

So, are you ready to go to the Big Apple? Yes, you're going to fly to New York, the city that never sleeps!
Are you going to visit the Empire State Building or the Statue of Liberty? Read the programme to discover what you're going to do!
On DAY 1, you're going to

TIME FOR *HISTORY* WB *p.* 155

2 Listen to the conversation.
What's Josh going to do?
Who's going to go with him?

CD 3 *piste* 10 MP3 *n°* 118
WB *p.* 155

Sounds

La prononciation de l'anglais américain

WB *p.* 159

Words → *p.* 105

- win
- fly
- take part (in)
- a **sky**scraper
- a **winn**er
- a **ra**dio game
- congratu**la**tions
- **luck**y
- **won**derful

Tools → *p.* 104

Pour exprimer une intention, j'utilise :
- *be going to*

***We're going to** visit New York.*

B. Welcome to Manhattan!

1 a. Look at the map and talk about the places you know.
b. What can you do there?

walk and relax | **watch a match** | **see a musical** | **admire the city** | **take an elevator** | **admire paintings** | **listen to a concert**

2 a. Listen to the guide. Which places does he mention? CD 3 *piste 15* MP3 *n° 123*
b. Listen again and match the figures with the correct monuments. WB *p. 158*

354 | **102** | **3,600** | **4,000,000**

Prepare your project **Play a guessing game!**

Pupil A. Pick up a card and say what you're going to do there.

Pupil B. Listen to Pupil A. What's he/she going to visit?

Swap roles and play again!

Words → p. 105

- ad**mire** /aɪə/
- go up
- clim~~b~~ /aɪ/
- **wel**come
- a **pain**ting
- a mu**seum**
- a **tou**rist
- a **con**cert
- a floor
- a step
- a **bu~~i~~ld**ing
- an **el**evator (US) = a lift (GB)
- an **em**blem
- the top

Tools → p. 104

Pour exprimer les grands nombres, j'utilise :

- *hundred, thousand, million*

*354: three **hundred** and fifty-four*
*3,600: three **thousand** six **hundred***

Lesson 2

Let's have fun!

A. Discover Central Park!

1 Look at the pictures and say everything you can.

Reading Corner → *p. 116-117*

2 Listen and find out what they're going to do.

CD 3 *piste 16* MP3 *n° 124*

WB *p. 161*

Sounds

Les mots en *-ic*

WB *p. 163*

Words → *p. 105*

- have a snack
- take a nap
- walk
- meet
- read → read
  /iː/ /e/

- a **carr**iage
- a show
- a **mu**sical

- **in**teresting ≠ **bor**ing
- **ma**gic
- great = fan**tas**tic

Tools → *p. 104*

Pour faire des suggestions, j'utilise :

- *Let's* ou *What about*

***Let's** spend the day there!*
***What about** going to Central Park?*

B. New York by night

Read the document and suggest an activity for tonight.

Your project

Make plans for your last weekend in New York.

You and your friends are in New York for the weekend.

Pupils A and B. Choose four activities and explain your programme to your friends.
Don't forget the evening!

Pupils B and C. Explain why you like or don't like the programme and suggest other activities.
Swap roles.

WB p. 165

NEW YORK	
SATURDAY	SUNDAY
(sun)	(rain cloud)

Words

→ p. 105

- a **ferr**y tour
- a **base**ball match
- a sports fan
- a **sta**dium /eɪ/
- **ro**ller **ska**ting
- unfor**gett**able
- by night

Exercices d'entraînement → p.137

1 Be going to + BV

■ Pour exprimer ce qu'on a **l'intention** de faire, on utilise ***be going to*** suivi de la base verbale.

*I'**m going to** visit New York.* *He'**s going to** watch a musical.*

■ On conjugue l'auxiliaire ***be***.

• Il s'accorde avec le sujet.

*She'**s** going to admire paintings.* *They'**re** going to eat a hot dog.*

• Il porte la négation.

*They **aren't** going to visit Ellis Island.*

• Le sujet est inversé dans les questions.

*What **are** you going to do?*

2 Les grands nombres

■ On emploie les mots ***hundred*** (cent), ***thousand*** (mille) et ***million*** (million) pour exprimer les grands nombres.

*354 → three **hundred** and fifty-four*
*10,521 → ten **thousand** five hundred and twenty-one*
*4,000,000 → four **million***

■ On utilise une **virgule** pour séparer les groupes de trois chiffres.

6,546,321 → six million five hundred and forty-six thousand three hundred and twenty-one

■ On utilise ***and*** devant les dizaines ou les unités.

*609 → six hundred **and** nine*
*1,857 → one thousand eight hundred **and** fifty-seven*

3 Les suggestions

■ On utilise ***Let's*** + BV, et ***What about*** + **BV-*ing*** pour faire une **suggestion**.

■ ***Let's*** est suivi d'une base verbale. Il s'utilise dans une phrase **exclamative**.

***Let's** go to Central Park!*

■ ***What about*** est suivi d'une base verbale à laquelle on ajoute la terminaison *-ing*. Il s'utilise dans une phrase **interrogative**.

***What about** watching a football match?*

Exercice 1

Tu visites une ville étrangère. Qu'as-tu l'intention de faire ou pas ?

a. admire monuments
b. go on a bus tour
c. visit museums
d. take lots of pictures
e. take a nap in a park
f. go shopping

Exercice 2

Mets les mots dans l'ordre pour former les phrases.

a. you / what / are / going / visit / to / ?
b. 's / my best friend / going / go to / to / San Francisco / .
c. not / I / 'm / watch / to / a baseball match / going / .

Exercice 3

Écris les nombres en lettres.

a. 5,781 **b.** 705 **c.** 874,000
d. 32,972 **e.** 9,256,201

Exercice 4

Complète les suggestions avec *Let's* ou *What about*.

a. ... relaxing in Central Park?
b. ... have a hot dog!
c. ... watch TV tonight!
d. ... going to the cinema?

Exercice 5

Écris quatre suggestions d'activités à faire à Paris avec ton correspondant américain. Varie ta façon de t'exprimer en utilisant *Let's...!* ou *What about...?*

Ex. Let's go to the Louvre Museum!

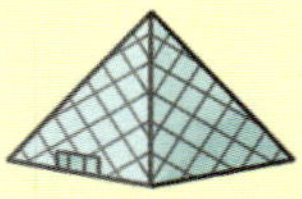
the Louvre Pyramid

Paris boat trips

the Arc de Triomphe

the Eiffel Tower

Wordbox

My Picture Dictionary → p. 12 et 16

MP3 n°127 Tourism

ad**mire** the **sky**line

watch a match

see a **mu**sical

ad**mire** a **paint**ing

take a **carr**iage

take an **el**evator

climb steps

take a nap

have a snack

- unfor**gett**able
- **in**teresting ≠ **bor**ing
- great = fan**tas**tic = **won**derful

MP3 n°128 Places

a **sky**scraper

a **build**ing

a mu**seum**

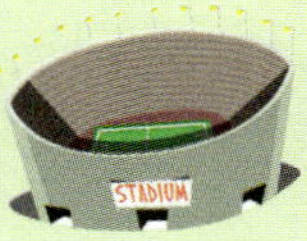

a **sta**dium

MP3 n°129 Famous sites

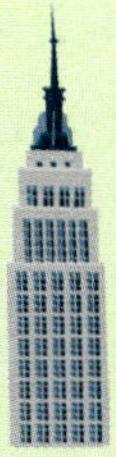
the **Em**pire State **Build**ing

Central Park

the One World Trade **Cen**ter

Broadway

the **Stat**ue of **Lib**erty

Prépare-toi pour l'évaluation !

Révise tes outils

- Révise ton **vocabulaire**, en apprenant les mots de cette page.
- Révise tes connaissances en **grammaire**, en lisant les explications 1 à 3 p. 104. Puis refais les exercices 1 à 5 p. 104.
- Relis tes **leçons** dans ton cahier d'anglais.

Écris-les sur une feuille de brouillon et compare avec ton livre. Tu en connais plus de 20 ? Hurray!

*Recopie les exemples en violet des explications **1** et **3**. Dans l'explication **2**, cache les nombres écrits en lettres et entraîne-toi à les dire à voix haute.*

Entraîne-toi

- Fais les **activités multimédia** 85 à 90 sur le site www.editions-hatier.fr/langues-eleves.
- Refais les **exercices d'entraînement** 76 à 82 p. 137 que tu as faits avec ton professeur.

Auto-évaluation

ÉCOUTER ET COMPRENDRE

1. Je comprends les intentions d'une personne.

Écoute Max, puis réponds aux questions. CD 3 *piste 19*

a. Dans quelle ville Max passe-t-il le week-end ?
Précise dans quel pays.

b. Quelles activités compte-t-il faire?
Précise quand (jour et moment de la journée).

c. Max visite-t-il cette ville avec un guide ? Justifie ta réponse.

d. Que cherche à vérifier sa mère sur Internet ?

WB *p. 166*

RÉAGIR ET DIALOGUER

2. Je fais des suggestions de visites.

Pupil A. Tu proposes à ton (ta) camarade de visiter deux musées new-yorkais de la liste ci-contre.

Pupil B. Réagis en exprimant ton envie ou ton mécontentement. Suggère d'autres musées. Puis échangez les rôles.

WB *p. 166*

Cool Museums

Museum of Modern Art (MoMA): 3,600 paintings!

The Skyscraper Museum: including the new One World Trade Center with 102 floors

The American Museum of Natural History: 13 million fossils, meteorites dinosaurs!

The Metropolitan Museum of Art (MET): more than 250,000 works of art and als a concert hall with 708 seats

The Intrepid Sea-Air-Space Museum: hundreds of plane helicopters and objects from the US Navy.

The Museum at FIT (The Fashion Institute of Technology): about 50,000 clothes and accessories!

Évaluation

Tu t'es préparé(e) pour l'évaluation que ton professeur va te distribuer.
Tu vas être évalué(e) sur ta compréhension d'un message oral et/ou sur ton expression à l'oral.

	ÉCOUTER ET COMPRENDRE **Je comprends les intentions d'une personne.**	RÉAGIR ET DIALOGUER **Je fais des suggestions et je réagis à des propositions.**
A1	*Je comprends des termes simples sur mon environnement familier (visite d'une ville).*	*Je me fais comprendre avec des mots isolés.* *Je réponds en disant seulement « yes » ou « no ».*
A1+	*Je comprends plusieurs détails sur mon environnement familier (visite d'une ville).*	*Je me fais comprendre avec des phrases simples.* *Je réponds avec des phrases simples.*
A2	*Je comprends l'essentiel d'un support oral bref portant sur la vie quotidienne (visite d'une ville, grands nombres, etc.).*	*Je m'exprime avec quelques phrases simples et reliées entre elles (suggestions, propositions).*

I ♥ COMICS

Comic books are a popular form of art. They tell stories with illustrations. The **characters** speak in **speech balloons.**

They can be **superheroes**.
Superheroes often live in big cities like New York.

1. Who are these characters? What have they got in common?
2. Say who your favourite character is and what you like about him or her.

3. Who is he? What can he do with his superpowers?
4. Where is he?
5. Say what you know about his real life (name, job, city).

Reading Corner →p. 112-113

Are you a comic book artist?

1. Imagine your personal superhero or superheroine:
- his or her name and personality
- his or her superpowers
- his or her clothes
- his or her real life (name, job, city).

2. Introduce him or her to your class. Give details!

PART 3

Game time!

SNAKES and LADDERS

Play the game and answer the questions.

- When you know the answer, stay where you are.
- When you don't know, move back two squares*.
- The winner is the first in square 36!

Beware of the snakes!

36 FINISH

26 What's the name of this monument?

27

25 Right or wrong? Edinburgh is in Wales.

24 Move back two squares.

23 Go to square 34!

14

15 Go to square 29!

13

British or American?

12 What's this?

START

1

2 Give the names of four British cities.

3

Where ca[n] you see this?

*Attention, si en reculant tu arrives sur une échelle, tu ne peux pas la monter.

35 What's this ymbol?

34

33 Name three ingredients.

32 Go back to square 8!

28 Move back one square.

29

30 Who is she?

31

22

21 What's the name of this famous clock?

20

What is it?

16 Which flag is it?

17

Read this symbol in English.

18

19 Go back to square 1.

11

10 Move back three squares.

9 What sport is this?

8 Play again.

4

5 Move back one square.

6

What's this?

7 Go to square 22!

Poems

+ une fiche d'activités à télécharger sur www.editions-hatier.fr/langues-eleves

What is Pink?

a poem by Christina Rossetti

What is pink? A rose is pink
By the fountain's brink.
What is red? A poppy's red
In its barley bed.
What is blue? The sky is blue
Where the clouds float through.
What is white? A swan is white
Sailing in the light.
What is yellow? Pears are yellow,
Rich and ripe and mellow.
What is green? The grass is green,
With small flowers between.
What is violet? Clouds are violet
In the summer twilight.
What is orange? Why, an orange,
Just an orange!

+ une fiche d'activités à télécharger sur
www.editions-hatier.fr/langues-eleves

Tick Tock

a poem by Gareth Lancaster

Tick tock, tick tock
Goes the old grandfather clock
Tick tock, tick tock
It never ever ever stops.
Swing swing, swing swing
It really is a wondrous* thing
Swing swing, swing swing
I'm waiting for the clock to ting.
Ding dong, ding dong
Now it plays its little song
Ding dong, ding dong
Every hour all day long.

* wondrous = wonderful

Reading Corner

+ une fiche d'activités à télécharger sur www.editions-hatier.fr/langues-eleves

Cartoons

Garfield

a cartoon by Jim Davis

Garfield is a fat orange cat. He loves eating (particularly lasagna!). He doesn't like Odie, the dog and he hates waking up in the morning !

Calvin and Hobbes

a cartoon by Bill Watterson

Calvin is a six-year-old boy. Hobbes is his toy tiger[1], but Calvin thinks he's a real tiger!

[1] *tigre en peluche*
[2] *croire*

Peanuts

a cartoon by Schulz

Charlie Brown is a little boy. He's got a dog, Snoopy.
Snoopy can't talk, but he thinks. He likes sleeping, eating and watching television! He likes his doghouse too!

Reading Corner

A novel

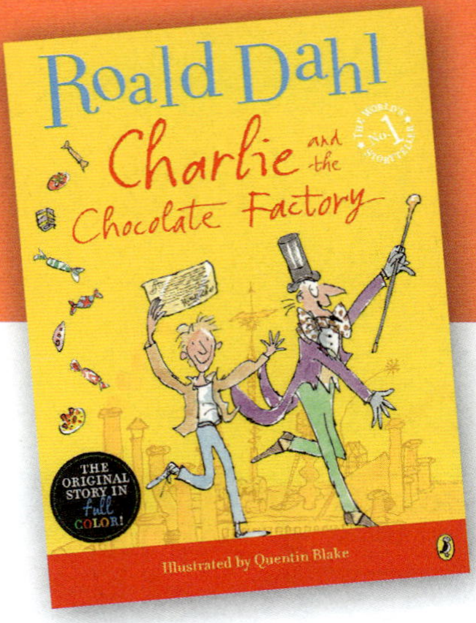

Charlie and the Chocolate Factory

a novel by Roald Dahl

At the beginning of the book, the author introduces the hero, Charlie Bucket. He loves chocolate. His dream is to visit Mr Wonka's chocolate factory.

This is Mr Bucket. This is Mrs Bucket. Mr and Mrs Bucket have a small boy whose name is Charlie Bucket.

This is Charlie.

The author
Name: **Roald Dahl**
(1916 - 1990)
Nationality: **British**

The illustrator
Name: **Quentin Blake**
(1932 -)
Nationality: **British**

+ une fiche d'activités à télécharger sur www.editions-hatier.fr/langues-eleves

One day, Charlie wins a competition and he can visit Mr Wonka's factory. Mr Wonka is a funny man and he loves chocolate too.

'There!' cried Mr Wonka, dancing up and down and pointing his gold-topped cane at the great brown river. 'It's all chocolate! Every drop of that river is hot melted chocolate of the finest quality. The very finest quality. There's enough chocolate in there to fill* every bathtub in the entire country! And all the swimming pools as well! Isn't it terrific?'

* *remplir*

Alice's Adventures in Wonderland

a novel by Lewis Carroll

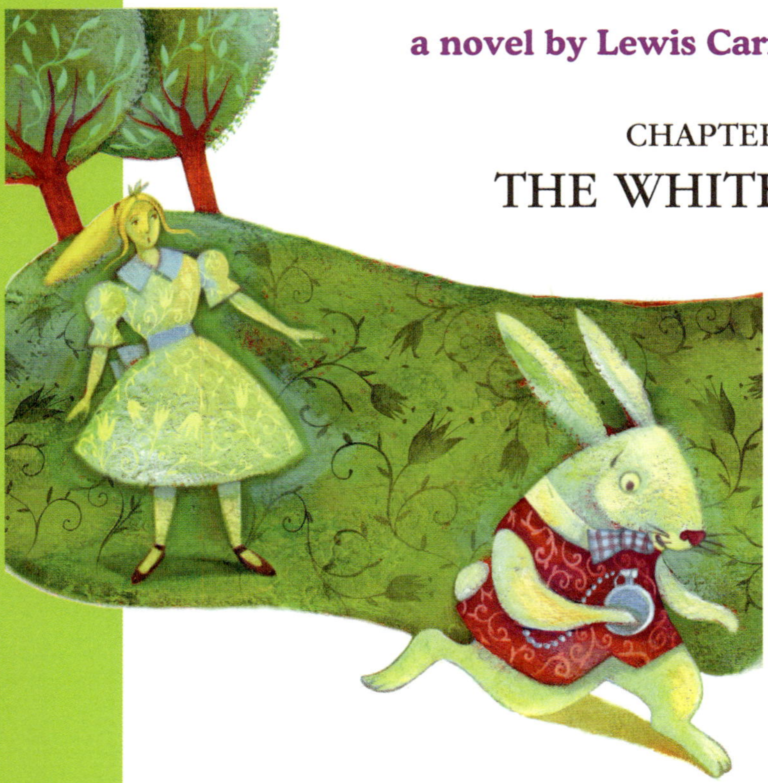

CHAPTER ONE
THE WHITE RABBIT

It is a sunny afternoon.
Alice and her sister are sitting by the river. Alice's sister is reading a book with no pictures.
'I don't like books without any pictures,' Alice thinks.
She is sleepy. Just then she sees a white rabbit.
He looks at his watch and says, 'I'm late!'
'How strange!' Alice thinks. 'A rabbit with a watch!' She follows the rabbit across the grass and into a big hole. She falls slowly down the hole. Then she stops falling and stands up. She looks around.
Alice sees the rabbit again and follows him. He is running around a hall with a lot of doors. Then she sees a glass table with a small key on it. She takes the key and tries to open the doors, but she can't. Then she sees a very small door and opens it.
There is a beautiful garden.
'I want to go into that garden,' thinks Alice, 'but I'm too big.'
She puts the key on the glass table and sees a bottle on it. It says 'DRINK ME' on the bottle. She takes the bottle and drinks it all.

The author

Name: **Lewis Carroll**
(1832-1898)
Nationality: **British**

+ une fiche d'activités à télécharger sur www.editions-hatier.fr/langues-eleves

'Oh, how strange!' she says. 'Now I'm very small and I can go into the garden.' But the door is closed and the key is on the table. She is too small now and she can't get the key! She is very sad and starts to cry.

Alice sees a small glass box under the table. Inside the box there is a cake with the words 'EAT ME' on it.

'I'm going to eat it,' says Alice. 'Perhaps I can grow* and take the key from the table.' She eats the cake but nothing happens. Then suddenly she becomes big.

'Now I can get the key,' she thinks.

She takes the key and goes to the door to the garden. But she is too big and can't go in! She sits down and starts to cry again. Her tears make a big pool.

Suddenly she sees the White Rabbit again. He is wearing a lovely jacket and he has got white gloves in one hand and flowers in the other.

'Oh, the Duchess is going to be angry because I'm late,' says the White Rabbit.

'Excuse me, sir...,' says Alice.

The White Rabbit is afraid and runs away. His white gloves fall to the floor. Alice looks at her hand and she is suddenly wearing one of the White Rabbit's gloves.

'Oh, no,' she says, 'I'm becoming small again! What's happening to me?'

Adapted by Gina D. B. Clemen
Illustrated by Alida Massari

* grow = *grandir*

WB p. 170

Celebrate

Le sais-tu ?

a. Lis le texte ci-dessous.

Les Celtes croyaient que les esprits revenaient sur terre le 31 octobre. Pour les effrayer, ils se déguisaient et transformaient de gros navets en lanternes. Ce sont les ancêtres des Jack o'Lanterns! Aujourd'hui, le jour d'Halloween, les enfants se déguisent et font du porte à porte pour demander des bonbons : « Trick or Treat! »

R.I.P.

R.I.P.

R.I.P.

Jack o'Lantern.

Trick or treat! : children receive sweets or they play a trick (*une farce*).

b. Maintenant ferme ton livre. De quoi te souviens-tu ?

1. A Halloween poem

a. Look at the frieze and point to the sad ghost at the top. What's next to it?

b. Listen to the poem and point to the other elements in the frieze at the top.

CD 3 *piste* 20

c. Now say the poem and learn it!

Halloween

2. Game time!

a. Ask your classmate to count the elements in the frieze.

Pupil A. Count the orange spiders!
Pupil B. There are ... orange spiders!

b. Create your Halloween riddle!

Pupil A. It's white and it's scary! What is it?
Pupil B. It's a ...

3. Make a Halloween paper cone for sweets

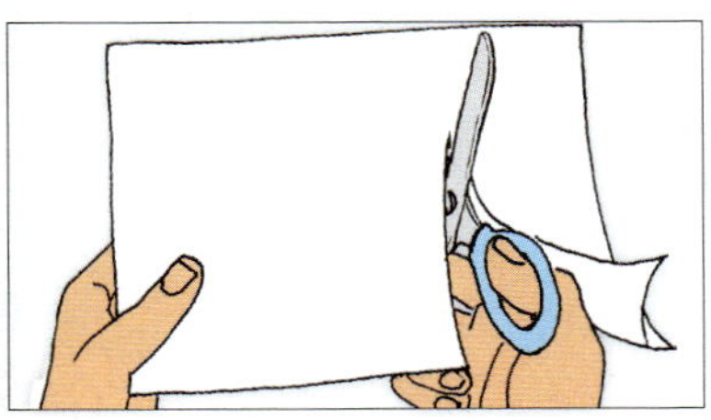

a. *Cut out a piece of paper (20 x 20 cm) and colour it.*

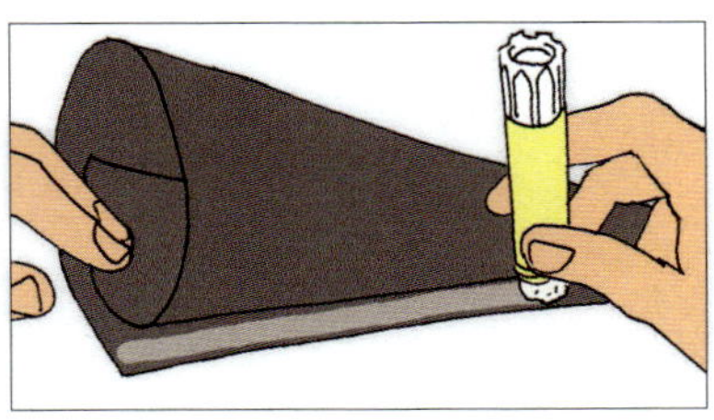

b. *Make a cone and glue the paper.*

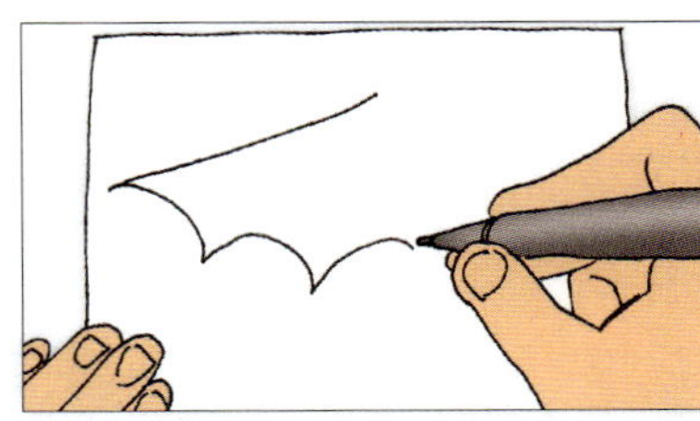

c. *Take a second piece of paper. Draw the wings of a bat.*

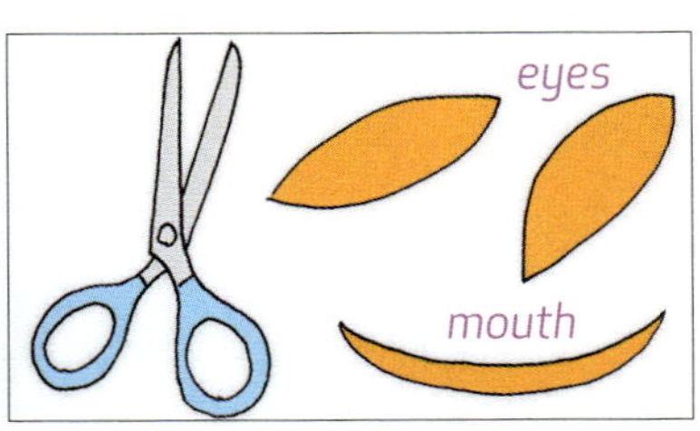

d. *Now cut out two eyes and a mouth and colour them orange.*

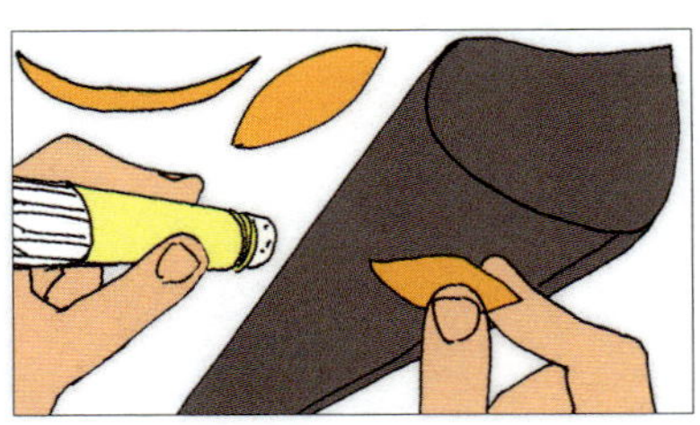

e. *Glue the wings, the eyes and mouth onto the paper cone.*

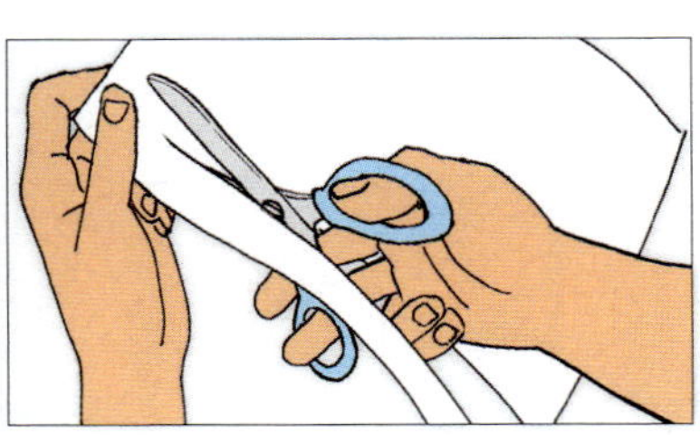

f. *Cut out a long piece of paper.*

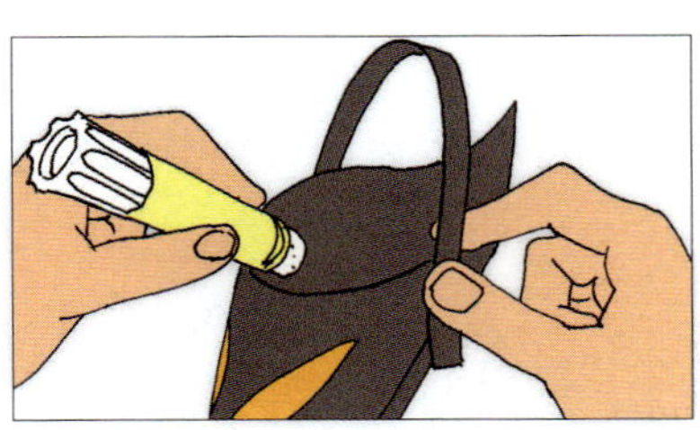

g. *Colour it black and glue it onto the paper cone.*

WB p. 168

Celebrate

Le sais-tu ?

a. Lis le texte ci-contre.

b. Maintenant, lis cette devinette de Christmas cracker et trouve la solution !

What's red and white and black?

ANSWER : Santa Claus after he came down the chimney.

c. Maintenant ferme ton livre. De quoi te souviens-tu ?

Le ***Christmas cracker*** est constitué d'un tube en carton, tordu aux extrémités, comme un gros bonbon. Pour ouvrir un ***cracker***, deux personnes doivent tirer chacune de son côté.

BANG!

Le ***cracker*** se déchire et on récupère le contenu (une couronne en papier, une blague, et une petite surprise comme un stylo par exemple).

1. Who am I?

Look at the pictures on this page.

CD 3 *piste 21*

Listen and find the objects.

- 2 a star
- 3 a Christmas tree
- 4 a stocking
- 5 a present

Christmas

2. Game time!

Find the three reindeer in the frieze!
Where are they?

3. A Christmas song!

Jingle Bells

Oh, jingle bells, jingle bells,
jingle all the way!
Oh, what fun it is to ride
in a one-horse open sleigh.
Jingle bells, jingle bells,
jingle all the way!
Oh, what fun it is to ride
in a one-horse open sleigh.

4. Give a Christmas stocking

Create your stocking.

a. Draw two stockings.

b Cut out the two stockings.

c. Glue them.

d. Decorate your stocking.

Write a Christmas card and put it in your stocking.

Your present is ready!

WB p. 169

Celebrate

Le sais-tu ?

Le jour de **Pancake Day** (Mardi gras) est le dernier jour avant ce que les chrétiens nomment *Lent* (le carême), période où l'on mange peu.
Au Royaume-Uni, on mange des crêpes car elles sont faites avec des ingrédients qui sont ensuite évités jusqu'à Pâques.
En 1445, une femme faisait des crêpes lorsque la cloche de l'église a sonné. Elle a mis son foulard et elle a couru jusqu'à l'église en tablier, la poêle à la main. Il y avait encore une crêpe dedans qu'elle a continué à faire sauter. Depuis cette date, les Britanniques organisent des courses très amusantes appelées *Pancake Races*.

a. Lis le texte ci-contre.

b. Maintenant ferme ton livre. De quoi te souviens-tu ?

1. Pancake Races

a. Listen to the rules. Look at photo A and find the letter corresponding to each rule.

CD 3 *piste* 22

Photo A

b. Do they respect the rules? Look at photo B and say what's wrong.

Twelve children haven't ...

Photo B

Pancake Day

2. Game time!

Spot the seven pancakes with letters in the frieze. Write them down and find the other name for Pancake Day!

SHROVE _ _ _ _ _ _ _

3. A Pancake Day poem

a. Listen to the poem and find the missing verbs.

CD 3 *piste* 23

Toss — Stir — Fry — Catch — Mix — Pop

b. Then learn the poem and illustrate it.

Mix a Pancake

_____ a pancake,
_____ a pancake,
_____ it in the pan;
_____ the pancake,
_____ the pancake,
_____ it if you can.

Christina Rossetti

4. The pancake recipe

Ingredients
- 100 g flour
- 2 large eggs
- 200 ml milk
- a little salt
- 50 g butter
- lemon wedges
- sugar

a. *Put the flour, eggs, milk and a little salt into a bowl, then mix.*

b. *Put a little butter in a hot pan.*

c. *Pour a little mixture into the pan. Cook your pancakes and toss them!*

d. *Serve with the lemon wedges and sugar.*

Enjoy your pancakes with your friends!

Yummy!

WB p. 169

Celebrate Saint

Le sais-tu ?

Le 17 mars, les Irlandais fêtent **la Saint Patrick** pour honorer ce missionnaire qui a converti l'Irlande au christianisme. Ils font une grande fête ce jour-là. Le vert, qui est la couleur de l'Irlande, est à l'honneur. Tout est vert : les vêtements, les cheveux et même certains gâteaux.
À Dublin, il y a une grande parade avec des chars où on voit des *leprechauns* /leprəkɔːnz/, ces petits personnages légendaires très farceurs qui auraient caché un pot rempli d'or au pied d'un arc-en-ciel.

a. Lis le texte ci-contre.

b. Maintenant ferme ton livre. De quoi te souviens-tu ?

1. Saint Patrick's Day Parade

Look at the photos and listen.
Right or wrong? Say or show why! CD 3 *piste* 24

1

2

Patrick's Day

2. Game time!

a. Count the number of pots, shamrocks, green hats, and rainbows on the frieze.

b. Each number corresponds to a letter (1 = A, 2 = B, 3 = C...).

The four letters form a word: find it!

Clue : *The leprechaun's coins are yellow because they are made of it.*

3. A Leprechaun poem

Listen to the poem and learn it!

CD 3 *piste* 25

I'm a little leprechaun,
Short and fat.
Here's my shamrock,
Here's my hat.
If people try to catch me,
I will duck.
The Irish say I bring good luck!

4. Make a 3D shamrock

a. *Cut two big shamrocks out of cardboard.*

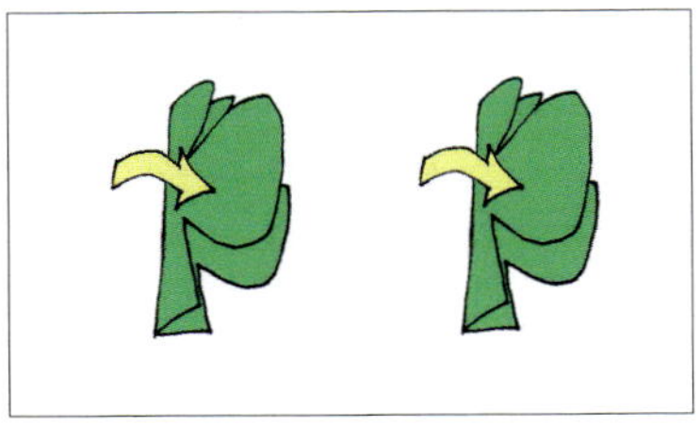

b. *Fold the shamrocks.*

c. *On the line, cut one shamrock from the top to the centre. Cut the other shamrock from the bottom to the centre.*

d. *Slide the two shamrocks together.*

You can decorate the English classroom with your shamrock!

Exercices d'entraînement

Part 1 → WB p. 12

La place de l'adjectif

1 ★ **Remets les mots dans l'ordre pour former des phrases.**

a. it's / yellow / a / guitar / .
b. bus / big / a / it's / .
c. bear / look at / little / the / !
d. an / it's / orange / car / .

> ***Souviens-toi !***
> L'adjectif se place **devant** le nom.

2 ★★ **Regarde le dessin et complète chaque description.**

Ex. It's a blue car.

a. It's ...

b. It's ...

c. It's ...

d. It's ...

Part 1 → WB p. 19-21

Les déterminants *a/an* et *the*

3 ★ **Complète avec *a* ou *an*.**

a. ... orange
b. ... policeman
c. ... bus
d. ... elephant
e. ... animal

> ***Souviens-toi !***
> On utilise ***a*** devant un son **consonne** et ***an*** devant un son **voyelle**.

4 ★★ **Complète avec *a* ou *an* et devine de quel animal il s'agit.**

Hello! My name's Tim. I live in ... flat. I'm not ... boy. I'm not ... girl. I'm ... animal. I'm not ... elephant. I'm ... white pet.
I love carrots! I'm ... r_ _ _ _ _!

5 ★★★ **Complète avec *a/an* ou *the*.**

a. The dog is in ... garden.
b. There's ... apple on ... table in ... kitchen.
c. ... cinema is in Baker Street.
d. ... clothes shop is near ... bakery.
e. There's ... lion in ... zoo.

Part 1 → WB p. 22

There is/There are

6 ★ **Lis les phrases et complète avec *There is* ou *There are*.**

a. ... ... a policeman in the street.
b. ... ... shops opposite the cinema.
c. ... ... football stadiums in London.
d. ... ... a bus stop in Baker Street.
e. ... ... clouds in the sky.
f. ... ... a big tree in the garden.

> ***Souviens-toi !***
> ***There is*** est suivi d'un groupe nominal au **singulier** et ***There are*** d'un groupe nominal au **pluriel**.

Workshop 1 → p. 30

Les pronoms personnels sujets

7 ★ **Réécris les phrases en remplaçant le sujet souligné par un pronom personnel sujet.**

a. <u>Jim</u> is messy.
b. <u>My aunt</u> isn't serious.
c. <u>His parents</u> aren't strict.
d. <u>Lauren and I</u> are cousins.
e. <u>Your handbag</u> is great.

8 ★★ **Complète avec le pronom personnel sujet qui convient.**

a. Paul and William are brothers and ... are messy!
b. My sister and I are very shy. ... aren't outgoing.
c. Look at me! ...'m not tired!

d. Alice isn't my sister, ...'s my cousin.
e. Kevin's a friend. ...'s very sociable.
f. Lisa, stop it! ... aren't funny!
g. Look at this dog! ...'s so quiet!

> ***Astuce !***
> Repère le **sujet** pour savoir par quel pronom personnel tu dois le remplacer.

Workshop 1 → p. 30

Les déterminants possessifs

9 ★ **Complète avec le déterminant possessif qui convient.**

a. ... name's Kate. I live in London. What about you? What's ... name?
b. This is Susan, the new pupil. ... surname's Fisher.
c. My father's sporty. ... trainers are blue and white.
d. We love ... cousin Matt. He's fantastic.
e. Sam and Neela are at the park. ... dog is very happy!

> ***Souviens-toi !***
> Si le possesseur est une **fille**, on emploie ***her***, si c'est un **garçon**, on emploie ***his***.

10 ★★ **Regarde le dessin et complète la phrase comme dans l'exemple.**

Ex. They're her dogs.

a. It's ...

b. It's ...

c. They're ...

d. They're ...

Workshop 1 → p. 30

Le verbe *be* : forme affirmative et négative

11 ★ **Complète avec le verbe *be* à la forme affirmative. Contracte le verbe *be* lorsque c'est possible.**

a. The baby ... cute.
b. My name ... Nelson. I ... tall.
c. The trainers ... black and yellow.
d. We ... brother and sister.
e. Leila ... messy!
f. You ... sociable.
g. My friend and I ... in a bad mood.

12 ★★ **Réécris ces phrases à la forme négative. Utilise les formes contractées.**

a. My grandmother is outgoing.
b. We are embarrassed.
c. The sweater is too big.
d. They are at the cinema.
e. I am tall.

13 ★★★ **Observe les dessins et écris ce que Tom et Sofia sont ou ne sont pas.**

a.

b.

messy ~~shy~~ ~~cousins~~ friends

> ***Astuce !***
> Utilise ***but*** pour **relier** les deux phrases.

Workshop 1 → p. 30

Le génitif

14 ★ **Réécris les phrases en utilisant le génitif.**

a. Mila is [Tom / sister].
b. He loves [his grandparents / dogs].
c. I'm [Kevin / uncle].
d. They're [his cousins / books].
e. It's [William / taxi].

> ***Souviens-toi !***
> Après un nom **pluriel**, on ajoute juste l'apostrophe.

15 ★★ **Observe les dessins et écris les phrases en utilisant le génitif comme dans les exemples ci-dessous.**

Ex. My sister

→ It's my sister's piano.

My sister

→ They're my sister's bags.

a. My parents

b. Kate

c. Matt

d. Granny

e. My aunt

Workshop 2 → p. 38

Can et can't

16 ★ **Remets les mots dans l'ordre pour former des phrases.**

a. Mary / Bob / and / paint / can / .
b. can / I / dive / swim / I / can't / but / .
c. She / run / can / fast / very / .
d. at all / can't / They / draw / .
e. can't / You / sing / , but / can / you / play / guitar / the / .

17 ★★ **Écris des phrases pour parler des capacités de ces personnes.**

Ex. Eliot can't swim, but he can…

a. Eliot

b. Emma

c. My brother

d. Lizzie and Beth

18 ★★ **Écris les phrases en précisant le degré de capacité. Utilise *can*.**

a. John / swim +++
b. She / dance +
c. They / play football – – –
d. We / paint –

Workshop 2 → p. 38

Les questions et réponses avec *be* et *can*

19 ★ **Associe chaque question à sa réponse courte.**

a. "Can Betty play the piano?"
b. "Is Brian Jamaican?"
c. "Can your cousins sing very well?"
d. "Are you British?"
e. "Can his brother draw and paint?"
f. "Are they tired?"

1. "No, he isn't."
2. "No, she can't."
3. "Yes, they are."
4. "No, he can't."
5. "Yes, I am."
6. "Yes, they can."

20 ★★ Écris les réponses courtes correspondant à ces questions.

a. Can your father sing? (No)
b. Is Brian bored? (Yes)
c. Can they do water sports? (Yes)
d. Are you Russian? (No)
e. Can his sister ride a horse? (No)
f. Is Rachel good at gymnastics? (No)

Astuce !
Pense à la **virgule** après ***Yes*** ou ***No***.

21 ★★ Écris des questions en utilisant les mots donnés et le verbe *be* ou l'auxiliaire *can*.

Ex. Emma / play rugby → Can Emma play rugby?

a. they / American
b. you / swim very well
c. Jim / artistic
d. Rachel and Tommy / good at gymnastics
e. you / supple
f. Mike / speak French

Astuce !
Repère bien s'il faut utiliser ***be*** ou ***can*** pour construire ces questions.

Workshop 3 → *p. 46*

Have got

22 ★ Complète avec *have, haven't, has* ou *hasn't*.

a. Yes, I **...** got a green schoolbag.
b. Yes, my father **...** got a sports car.
c. No, I **...** got a bike.
d. Yes, Lily **...** got two big sisters.
e. No, she **...** got a cat.
f. Yes, my cousins **...** got a big house.
g. No, they **...** got a swimming pool.

Souviens-toi !
Have devient ***has*** à la 3e personne du **singulier**.

23 ★★ Recopie et complète avec les formes de *have got* qui conviennent.

a. "**...** you **...** a locker at school?" "No, I **...**."
b. "**...** she **...** drama on Tuesday?" "No, she **...**."
c. "**...** they **...** French on Monday?" "Yes, they **...**."
d. "**...** Mathew **...** history this morning?" "Yes, he **...**."

24 ★★ Remets les mots dans l'ordre pour former des phrases.

a. you / art / have / today / got / ?
b. got / Jessica / today / lunchbox / her / hasn't / .
c. their / have / the pupils / trainers / got / .
d. Mrs Smith, / test / we / got / a / today / have / ?
e. blue / got / pullover / I've / a / .

25 ★★★ Rédige des phrases pour dire si tu possèdes ou non ces éléments.

Astuce !
Commence tes phrases avec le pronom personnel sujet ***I***.

26 ★★★ Écris ce que Chris a dans son cartable et ce qu'il n'a pas.

Souviens-toi !
À la 3e personne du singulier, ***have got*** devient ***has got***.

Workshop 3 → p. 46

Must et mustn't

27 ★ **Recopie les phrases, puis complète avec *must* ou *mustn't*.**

a. In England, pupils ... wear a uniform.
b. We ... speak in the school library. It's a quiet place.
c. Pupils ... wear trainers for the PE lesson.
d. At the school canteen, we ... play with food.

28 ★★ **Observe les panneaux et rédige le règlement de ce musée.**

a. 
b. 
c. 
d. 

Workshop 3 → p. 46

Whose

29 ★ **Associe chaque question à la réponse qui convient.**

a. "Who's this girl?"
b. "Where is Jenny?"
c. "Whose keyring is it?"
d. "Whose trainers are they?"
e. "Where are Jenny's trainers?"

1. "They're Jenny's trainers."
2. "She's Jenny."
3. "It's Jenny's keyring."
4. "They're in Tom's locker."
5. "She's at the cinema."

Souviens-toi !
Who est un faux ami ! Ce mot interrogatif signifie « qui ».

30 ★★ **Le professeur veut savoir à qui sont ces objets. Écris ses questions.**

a. 
b. 
c. 
d. 

Astuce !
N'oublie pas d'accorder le verbe ***be*** avec le nom qui suit ***whose***.

31 ★★★ **Pose la question pour savoir à qui appartiennent ces objets, puis écris la réponse.**

a. bike? → the champion
b. shoes? → Jessica
c. shirt? → Aaron
d. gloves? → the doctor
e. tennis racket? → the teacher

Astuce !
Utilise ***whose*** pour poser les questions.

Workshop 4 → p. 54

Les verbes de goûts

32 ★ **Complète ces phrases en conjuguant le verbe au présent simple.**

a. We ... (like) chocolate cakes.
b. I ... (hate) crisps.
c. My mum ... (like) Harrison Ford.
d. They ... (hate) Darth Vader.
e. My brother ... (love) lasagna.

Astuce !
Pense au **s** à la 3e personne du singulier.

33 ★★ **Recopie et complète ces phrases avec *do, don't, does* ou *doesn't*.**

a. "... you like Angelina Jolie?" "Yes, I ...!"
b. My parents ... like Iron Man.
c. "... your sister like James Bond?" "Yes, she ...!"
d. Lucas ... hate Spider-Man. He likes him.
e. "... they like action films?" "Yes, they .... "

34 ★★ **Réécris les phrases suivantes en parlant de Laura.**

a. You hate uniforms.
b. We love *Star Wars*.

c. They don't like romantic films.
d. I like my room.

35 ★★★ **Recopie et complète ces phrases avec un verbe de goût.**

a. I ♥ my new alarm clock.
b. My brother ♥♥ horror films.
c. My parents ✗✗ my brother's posters.
d. My grandmother ✗ hamburgers.

> ***Astuce !***
> À la **forme négative**, à la 3e personne du singulier, utilise ***doesn't***.

Workshop 4 → p. 54

Les pronoms personnels compléments

36 ★ **Remplace le mot souligné par un pronom personnel complément.**

a. I know this actor.
b. Have you got your textbook?
c. Do you like my cousins?
d. Jason loves my sister.
e. I like your posters.
f. Can you give my friend and me a sandwich please?

37 ★★ **Complète avec un pronom personnel complément.**

a. Look at my new uniform! Do you like **...**?
b. I don't know this girl. Do you know **...**?
c. Harry Potter is a famous magician. Do you like **...**?
d. I can't do my exercise. Can you help **...** please!
e. I've got new trainers. Do you like **...**?
f. We must write an English text. Can you help **...**?

Workshop 4 → p. 54

Les verbes de goûts avec BV-*ing*

38 ★★★ **Écris des phrases pour dire quelles activités chacun aime ou n'aime pas faire.**

a. I ♥

b. The art teacher ♥♥

c. Peter ✗✗

d. My little brothers ✗

e. Jennifer ✗

f. We ♥♥

> ***Souviens-toi !***
> Le verbe qui suit le verbe de goût prend la terminaison -***ing***.

Workshop 4 → p. 54

How many

39 ★ **Recopie et complète les phrases.**

a. How **...** cinemas are there in your town?
b. **... ...** girls are there in your class?
c. "How many **...** have you got?" "I've got three posters."
d. "**... ... ...** are there today?" "There are 26 pupils."

> ***Souviens-toi !***
> On utilise un nom **pluriel** après ***how many***.

40 ★★ **Remets les mots dans l'ordre pour former des questions.**

a. many / have / TV sets / got / how / you / ?
b. in / bathrooms / many / there / house / how / are / your / ?
c. children / got / the / many / Queen / how / has / ?
d. classroom / in / many / are / how / there / posters / the / ?

41 ★★ **Pose des questions à Suzie sur le nombre d'objets dans sa chambre, puis écris ses réponses.**

a.

? → 3

b.

? → 2

c.

? → 4

d.

? → 1

Souviens-toi !
Le nom qui suit ***how many*** est toujours au pluriel.

Workshop 5 → p. 62

Le présent simple

42 ★ **Complète ces phrases en conjuguant le verbe au présent simple.**

a. I ... (get up) at seven o'clock.
b. Lisa ... (wake up) at 6.30.
c. She ... (have) a big breakfast.
d. My mum ... (do) karate.
e. He ... (watch) TV after breakfast.
f. On Sundays, we ... (have) breakfast at 9 o'clock.

Astuce !
Pense au **s** à la **3e personne du singulier.**

43 ★★ **Écris ces phrases à la forme négative.**

Ex. You wake up at ten. → No, you don't wake up at ten.

a. You work at the weekend. → No, ...
b. Dad does yoga. → No, ...
c. My sister has a shower at 8. → No, ...
d. School starts at 9. → No, ...
e. They go to bed late. → No, ...

44 ★★ **Réécris ce texte en commençant par Mike.**

I don't get up late. I always get up early. Then I have a shower and I get dressed. For breakfast I often eat cereal and fruit. I don't watch television in the morning, I go running and I play tennis. For lunch I always choose potatoes and meat, but I like chocolate too!

Astuce !
Repère les **groupes verbaux** et pense aux **accords**.

Workshop 5 → p. 62

Les adverbes de fréquence

45 ★ **Réécris les phrases en ajoutant l'adverbe au bon endroit.**

a. I hate cricket. I watch it on TV. (never)
b. Jane plays tennis on Saturday mornings. (usually)
c. Jenny's mother doesn't cook. (often)
d. Dad gets up at 6 o'clock. (always)
e. I go shopping with my parents. (sometimes)
f. Mark is sick in winter. (often)

46 ★★ **Utilise les éléments proposés pour parler des habitudes de chacun.**

a. I / do my homework

b. Dad / sing in the bathroom

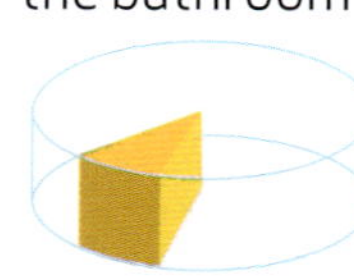

c. We / walk the dog

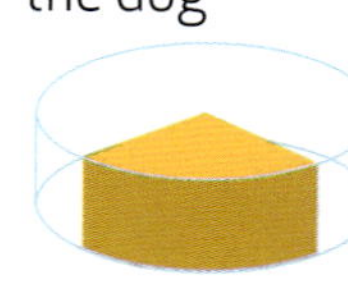

d. They / go to the cinema

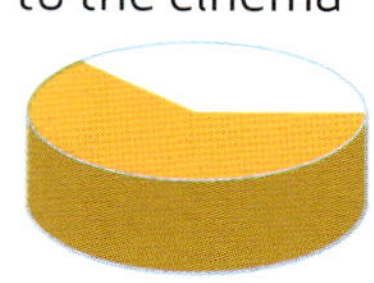

e. Mum / work on Sundays

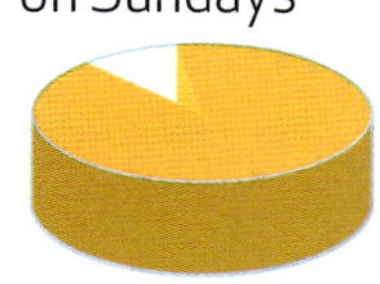

Astuce !
Pense à accorder le verbe si besoin.

Workshop 5 → p. III

L'expression de l'heure

47 ★ **Associe chaque horaire à son horloge.**

a.

b.

c.

d.

e.

1. It's twenty past two.
2. It's half past eleven.
3. It's quarter to four.
4. It's three o'clock.
5. It's quarter past eight.

48 ★★ Quelle heure est-il sur ces horloges ?

a.

b.

c.

d.

e.

Astuce !
Commence par les **minutes**.

Workshop 5 → p. 62

Les *WH-* questions

49 ★ Choisis le mot interrogatif qui convient.

a. "Who / How are you today?" "Fine, thank you."
b. What / Why is your favourite activity?
c. Where / Who does she walk her dog?
d. Who / Whose shoes are they? John's?
e. When / Why do you do sport? Every day?
f. What time / Where do you get up? At 7 o'clock?
g. When / Where do you play handball? At school?

50 ★★ Complète avec un mot interrogatif.

a. "... do you do your homework?" "In my room."
b. "... do they listen to music?" "After school."
c. "... is this girl behind you?" "Her name's Eileen."
d. "... has she got a sweater?" "Because she's always cold!"
e. "... do you spend your free time?" "I surf the Net."
f. "... does he go jogging?" "In the evening."
g. "... do you usually do on Sundays?" "I read books."

Workshop 5 → p. 62

Les *yes/no* questions

51 ★ Recopie en complétant les questions et les réponses courtes avec l'auxiliaire *do* ou *does*.

a. "... you often walk your dog?" "Yes, I ..."
b. "... they sometimes play handball?" "No, they ..."
c. "... Brian often visit his family?" "Yes, he ..."
d. "... the Queen often walk her dogs?" "Yes, she ..."
e. "... you often play videogames?" "No, I ..."
f. "... she sometimes go to the ice rink?" "No, she ..."

52 ★★ Remets les mots dans l'ordre pour former des questions.

a. shopping / sometimes / you / go / do / ?
b. does / her / always / homework / she / do / ?
c. usually / they / do / music / on / to / listen / Saturdays / ?
d. videogames / he / school / play / after / does / usually / ?
e. home / Sundays / you / stay / do / on / always / at / ?
f. to / often / the ice rink / you / go / do / ?

Astuce !
Place l'auxiliaire ***do*** ou ***does*** en **première position** pour construire tes questions.

Workshop 6 → p. 74

Les quantifieurs (1)

53 ★ Complète ces phrases avec *some*, *any* ou *no*.

a. Yum! There's ... vanilla icing on these cupcakes.
b. Oh no! There is ... butter in the fridge.
c. I'm sorry, I haven't got ... fish and chips today.
d. There are ... oranges and ... bananas for dessert.
e. "Are there ... cookies in this shop?" "Yes, there are ..."

Souviens-toi !
On emploie ***any*** dans les phrases **négatives** et **interrogatives**.

54 ★★★ Décris ce frigidaire en faisant cinq phrases avec *some*, *any* ou *no*.

Astuce !
Commence tes phrases par ***There is***, ***There isn't***, ***There are*** ou ***There aren't***.

Workshop 6 → p. 74

How much

55 ★ Remets les mots dans l'ordre pour former des questions.

a. much / are / the / how / cupcakes / ?
b. chocolate / is / cake / how / the / much / ?
c. chips / much / are / please / the / how / ?
d. Welsh / much / the / is / how / rarebit / ?

56 ★★★ Un ami te pose des questions sur les prix des plats sur le menu. Écris ses questions et tes réponses.

Astuce !
Accorde le verbe ***be*** avec le sujet !
Au **singulier**, écris ***is***. Au **pluriel**, utilise ***are***.

Workshop 6 → p. 74

L'impératif

57 ★ Transforme les ordres affirmatifs en ordres négatifs et inversement.

a. Tidy your bedroom now.
b. Don't pay for my dessert.
c. Order your meal.
d. Don't preheat the oven.
e. Taste the soup of the day.
f. Don't grate the lemons.

Workshop 6 → p. 74

Les quantifieurs (2)

58 ★ Complète ces phrases avec *much* ou *many*.

a. I like this cake, but there isn't **...** chocolate in it.
b. There aren't **...** cakes in this shop.
c. There isn't **...** water in the bottle.
d. I don't like **...** vegetables: only tomatoes and peas.

59 ★ Complète avec *a little* ou *a few*.

a. You need **...** butter for this recipe.
b. I have **...** CDs in my bedroom.
c. I know **...** words in German.
d. Have **...** milk in your tea!

60 ★★ Complète avec *much, many, a little* ou *a few*.

a. You don't need **...** carrots in this recipe.
b. Put the cake in the oven for **...** minutes.
c. There is just **...** water in this bottle.
d. "How many eggs do you need for this cake?" "Just **...** ."
e. Mm, we haven't got **...** orange juice for the party. Let's go shopping!
f. "Lemonade?" "Yes, please, but just **...**."

Souviens-toi !
On utilise ***a few*** et ***many*** avec des noms **pluriels**.

Workshop 7 → p. 84

Le présent en *be* + BV-*ing*

61 ★ Complète ces phrases en conjuguant le verbe *be*.

a. Lucas **...** sleeping on the sofa.
b. "What **...** you doing?" "I **...** working in my bedroom."
c. My sister **...** playing outside.
d. My parents are in London. They **...** visiting the British Museum.

62 ★★ Recopie les phrases en conjuguant les verbes au présent en *be* + BV-*ing*.

a. "What ... Mary ... (do)?" "She ... ... (look for) her camera."
b. No, I ... ... (not watch) TV. I ... ... (listen) to music.
c. Look at Paul and Jason! They ... ... (bake) cookies.
d. "What ... you ... (write)?" "I ... ... (write) a letter to my grandparents."

63 ★★★ C'est l'heure du petit déjeuner. Commente ce que font Mr Turner, Mrs Turner, Phil et Joyce.

Astuce !
N'oublie pas d'ajouter -*ing* à la base verbale.

Workshop 7 → p. 84

Les déterminants *this*, *that*, *these*, *those*

64 ★ Complète avec *this* ou *these*.

a. ... cat
b. ... children
c. ... TV set
d. ... people
e. ... dogs

Souviens-toi !
These s'emploie avec un nom **pluriel**.
(Attention aux pluriels irréguliers !)

65 ★★ Réécris ces phrases au pluriel.

a. This castle is very big.
b. This girl is reading a book.
c. That helmet is heavy.
d. That museum is interesting.

Souviens-toi !
Le verbe ***be*** doit aussi être au **pluriel**.

66 ★★ Légende ces dessins avec *this*, *that*, *these* ou *those*.

a.

b.

c.
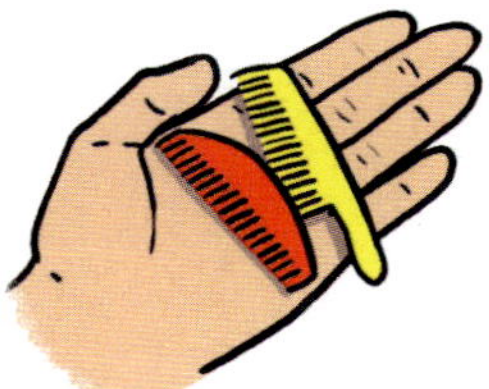

d.

Workshop 8 → p. 94

Les dates

67 ★ Ajoute *in* ou *on*.

a. ... January
b. ... 2014
c. ... Monday
d. ... December 25th
e. ... May
f. ... 2002
g. ... Sunday afternoon

68 ★★ Écris ces années en toutes lettres.

a. 2015
b. 1673
c. 1492
d. 1728
e. 2004

Le prétérit (1) : la forme affirmative

69 ★ **Écris ces verbes au prétérit.**

a. stop
b. touch
c. die
d. cry
e. visit

70 ★★ **Complète cet e-mail en conjuguant les verbes au prétérit.**

Hi Uncle Joe,
We ... (arrive) at the summer camp last week. It's great! The camp is big and we do a lot of activities. Last Tuesday we ... (visit) a sweet factory. It was amazing! We ... (taste) a lot of sweets. Yum, yum! Yesterday we ... (play) tennis outside, but it ... (rain), so we ... (stop) and we ... (play) cards inside. Too bad!
Bye for now. Write to me soon!
Love
Sean

> ***Souviens-toi !***
> On ajoute ***-ed*** à la base verbale des verbes réguliers pour les mettre au **prétérit**.

71 ★ **Écris ces verbes au prétérit.**

a. become
b. run
c. send
d. write
e. cut
f. sit

72 ★★ **Megan raconte son week-end. Complète ses phrases en conjuguant les verbes au prétérit.**

a. I ... (go) to the swimming pool on Saturday afternoon with my friends. We ... (have) a fabulous time.
b. I ... (go) to a party. It ... (be) great. We ... (take) a lot of pictures and we ... (make) chocolate cakes.

> ***Souviens-toi !***
> Il faut apprendre par cœur le prétérit des **verbes irréguliers**. Tu peux les retrouver p. 176.

Le prétérit (2) : les formes négative et interrogative

73 ★★ **Transforme ces phrases à la forme négative.**

a. Yesterday I watched a cartoon on TV.
b. Wendy's father cooked a delicious chicken last night.
c. Last Monday we had a maths test.
d. My friend found a schoolbag in the street.
e. Last night my mother heard a strange noise.
f. I visited Mary Stuart Castle last week.

> ***Souviens-toi !***
> La forme **négative** se forme avec ***didn't*** suivi de la **base verbale**.

74 ★★★ **Transforme ces phrases à la forme interrogative comme dans l'exemple.**

Ex. I played tennis. → Did you play tennis?

a. John wrote a letter to his grandfather at Christmas.
b. I fell off my bike in 2015.
c. Last night I phoned my best friend.
d. Luke ran the race very fast.
e. My dog barked all night.
f. Mary was ill last week.

> ***Souviens-toi !***
> Dans les questions, quand le verbe est ***be***, on **inverse** simplement le **sujet** et le **verbe**.

75 ★★★ **Remets les mots dans l'ordre pour former des phrases correctes. Attention, il y a un intrus dans chaque phrase !**

a. watch / watched / did / last / you / night / on TV / what / ?
b. Peter / we / saw / at / see / the / yesterday / supermarket / .
c. in / Edinburgh / parents / visited / didn't / any castles / visit / my / .
d. where / go / went / last / Monday / Meg / did / ?
e. late / yesterday / why / was / were / Lisa / ?
f. the cat / a small mouse / week / last / caught / didn't / my bedroom / in / .

Workshop 9 → p. 104

Be going to + BV

76 ★ **Remets les mots dans l'ordre pour former des phrases.**

a. am / I / Los Angeles / visit / to / going /.
b. rain / is / going / it / to / .
c. are / watch / and / to / Karim / going / a movie / Jason / .
d. to / your birthday / you / going / are / celebrate / ?
e. go up / going / to / isn't / Paul / the One World Trade Center /.

Souviens-toi !
Il faut **inverser *be*** avec le sujet pour former une **question**.

77 ★★★ **Regarde ce programme et écris ce que Megan va faire lors de son week-end à Londres.**

Workshop 9 → p. 104

Les grands nombres

78 ★ **Écris ces nombres en chiffres.**

a. two hundred and fifty-six
b. four hundred and twenty
c. eight thousand three hundred and forty-one
d. nine thousand and seventy-eight

79 ★★ **Écris ces nombres en chiffres.**

a. seventy-one thousand five hundred and ninety-eight
b. eighty million four hundred and twenty-six thousand nine hundred and eighty-seven
c. four thousand three hundred and sixty-nine
d. five million eight hundred and fifty-two thousand three hundred

80 ★★★ **Écris ces nombres en lettres.**

a. 901
b. 5,264
c. 8,719,397
d. 25,426,980
e. 4,520,639

Souviens-toi !
On utilise **and** devant les dizaines ou les unités.

Workshop 9 → p. 104

Les suggestions

81 ★ **Mets le verbe à la forme qui convient.**

a. What about ... (watch) a good movie?
b. Let's ... (drink) a hot chocolate!
c. Let's ... (go) to the skate park!
d. What about ... (listen) to music?

82 ★★★ **Regarde ces dessins et écris ce que chacun suggère comme activité.**

a.

b.

c.

d.

Scripts

PART 1

1 What's your name? How old are you?

Step 1

→ p. 14

CD 1 *piste 02* MP3 *n° 01*

Walter. Good morning, Mr Parker.

Teacher. Good morning. What's your first name?

Walter. My first name's Walter.

Teacher. And what's your surname?

Walter. My surname's Robinson.

Teacher. Mmm... Walter Robinson... Er... you're a new pupil. Welcome!

Kate. Sorry, I'm late... I'm Kate Robinson... I'm a new pupil.

Walter. She's my sister!

Teacher. Welcome Kate!

Step 3

→ p. 14

CD 1 *piste 03*

ABC DEFG HIJ KLMNOP QRS TUV W XYZ

Come on! Oh boy! We're singing our alphabet!

Oh boy! Oh boy! Oh boy!
I said: "Oh boy! we're singing our alphabet!"

Oh boy! Oh boy! Oh boy!

Step 5

→ p. 14

CD 1 *piste 05*

One, two, three, four, five ... ninety-nine, a hundred.

3 Where do you live?

Step 4

→ p. 19

CD 1 *piste 12* MP3 *n° 03*

Journalist. Hello, Emily! What's your address? Where do you live?

Emily. I live at 28 New Road, in Brighton.

Journalist. And you, James, where do you live?

James. I live at 12 Circus Lane, in Edinburgh.

Journalist. And you, Emma and Sarah, where do you live?

Sarah. We live at 21 Baker Street, in London. It's Sherlock Holmes's street!

Step 6

→ p. 19

CD 1 *piste 14* MP3 *n° 05*

Ben. I live in a flat, in London.

Laura. I live in a house, in Plymouth.

What about you? Where do you live?

4 What's in your street?

Step 3

→ p. 21

CD 1 *piste 16* MP3 *n° 06*

James. Mum, can we go to the zoo on Saturday?

Mum. Yes, that's a good idea. I think there's a baby elephant!

James. Oh, baby elephants are soooo cute! Are there any tigers?

Mum. Yes, there are. There are tigers and there's a big lion!

Lucy. And monkeys?

Mum. Yes, there are monkeys too.

Lucy. I love monkeys!

5 What's the weather like? What season is it?

Step 1

→ p. 22

CD 1 *piste 17* MP3 *n° 07*

Helen. Welcome to Weather Channel 4. My name is Helen and I'm the weather reporter.
Today, in London, it's sunny and warm with a temperature of 19°.
In Cardiff, it's rainy and windy with a temperature of 18°.
Now let's ask our local reporters about the weather in Scotland and Northern Ireland!
Gordon, what's the weather like in Edinburgh?

Gordon. In Edinburgh it's stormy and windy. It's cold with a temperature of 8°.

Helen. Sean, what's the weather like in Belfast?

Sean. In Belfast it's sunny and foggy.

Helen. Thank you everyone and have a nice day!

PART 2

Workshop 1

Who's who?

Rhythm & Rhymes

→ p. 26

CD 1 *piste* 19

Who's that?
That's your Auntie Mabel
and that's me
under the table.
Michael Rosen

Lesson 1

Introduce yourself and others

→ p. 27

DVD

Jessica. Hi! My name's Jessica and I'm twelve. This is my sister. Her name's Lauren and she's 13. And this is my best friend! His name's Alex and he's 11.

Alex. No, I'm not! I'm eleven and a half.

Jessica. And a half...

Alex. Oh, stop it!

Lauren. Stop it, Jessica! You know Alex's very shy. He's embarrassed now!

Jessica. Oops, sorry!

Lauren. My turn, now. I'm Lauren, Jessica's sister. We live in London.

Jessica. We love London! Let me show you... Where's my phone? This isn't my phone!

Lauren. You're so messy!

Jessica. I'm not messy!

Alex. Er, you're a bit messy Jessica and you too Lauren! They're very messy!

Jessica. Ah, here's my phone. Look at our photos! They're great. Aren't we cool?!

Lauren. Oops!

Jessica. Oh, my God!

Lesson 2

Discover the Royal Family

→ p. 28

CD 1 *piste* 23 MP3 *n°* 11

Kevin. Wow, look at this photo of the Royal Family! George is so big now. Look at him in his father's arms!

Lisa. Where's Kate? Oh, here she is just behind the Queen, with the beautiful white hat! Kate and William are really good-looking parents!

Kevin. There's Camilla in the photo too. Can you see her on the left with the green dress?

Lisa. Mmm, she's Prince Charles's second wife, isn't she?

Kevin. Yes, she isn't the two princes' mother. She's their stepmother. She's next to Prince Charles, her husband.

Lisa. Look at Harry, William's brother! He's so smart... I love his black uniform!

Kevin. The Queen's smart too with her white jacket and she's so proud to be a grandmother!

Lisa. And a great-grandmother too! Kevin, look at this second photo. Baby Charlotte is so cute... William and Kate are really cool parents, aren't they?

Kevin. Yes, they are! I love the Royal Family!

Lesson 3

Speak about funny families

→ p. 29

CD 1 *piste* 27 MP3 *n°* 15

Lauren. This is our funny granny. Her name's Aileen. She's 58. She's tall. Her hair isn't grey, but ... orange. Her shoes are green and long like a clown's. Her blue eyes are small and her large glasses are red. Her dress is pink and shiny and her handbag's purple. We love her! Oops, I forgot! Her hair isn't curly; it's straight! And it isn't long; it's short!

Jessica. Now... Er ... our funny grandpa. His name's Alan and he's 65. He's small. His fair hair is short and straight. His yellow trainers are flashy and his large trousers are green. He's wearing a large blue T-shirt. His glasses are orange. He loves music. He's amazing! I love him! Oops, sorry! His glasses aren't orange, they're blue.

Workshop 2

Talented people

Rhythm & Rhymes

→ p. 34

CD 1 *piste* 33

Can an elephant jump?

Can an elephant jump?
No, it can't!
Can an elephant fly?
No, it can't!
Can an elephant walk?
Yes, it can.
An elephant can walk.
Walk, walk, walk, walk, walk, walk,
Walk, walk, walk, walk, walk, walk!
STOP!

Can a kangaroo walk?
No, it can't!
Can a kangaroo run?
No, it can't!
Can a kangaroo hop?
Yes, it can.
A kangaroo can hop.
Hop, hop, hop, hop, hop, hop,
Hop, hop, hop, hop, hop, hop!
STOP!

Can an octopus hop?
No, it can't!
Can an octopus clap?
No, it can't!
Can an octopus swim?
Yes, it can.
An octopus can swim.
Swim, swim, swim, swim, swim, swim,
Swim, swim, swim, swim, swim, swim!
STOP!

Can a koala swim?
No, it can't!
Can a koala dance?
No, it can't!
Can a koala sleep?
Yes, it can.
A koala can sleep...

Lesson 1

Speak about your talents

→ p. 35

DVD

Lauren. Can we go to the swimming pool, Jessica? I'm bored!

Jessica. Phew, I'm tired...

Lauren. You aren't tired! You don't want to go to the swimming pool, because you aren't sporty at all!

Jessica. That isn't true. I'm quite sporty. I just don't like water sports... But I can run quite fast.

Lauren. You can't run fast. You can run ... a little!

Jessica. OK, maybe I can't run very fast, but I'm the artist in the family. I can draw, I can paint, and I can act very well!

Lauren. Mmm... I can't draw at all, but I can sing very well and I can play the guitar, so I'm artistic and sporty!

Jessica. Artistic, sporty ... and modest!
Who's this? I'll open the door.
Hey Alex!

Alex. Hi, Jessica! Hi Lauren!

Lauren. Hi!

Alex. I'm going to the swimming pool. Are you coming?

Jessica. No, thanks. I'm tired...

Alex. Paul's there.

Jessica. What? Paul? Paul's at the swimming pool?! Let's go!

Lauren. Mmm, you aren't tired now!

Lesson 2

Meet Olympic champions!

→ p. 36

CD 1 *piste 38* MP3 *n° 28*

Nelson. Hello, Nelson Jones for the BBC. We're at the Olympic Games...

Vince. Hey Lizzie, come on! The Olympic Games are on TV!

Lizzie. Here I am! Great! It's Usain Bolt! He can run very fast. He's a famous sprinter!

Vince. Er ... what nationality is he? Is he American?

Lizzie. No, he isn't. Look at his tee-shirt. It's green, black and yellow. He's Jamaican.

Nelson. What a wonderful race! The winner is ... Usain Bolt!!!

Vince. Amazing!

Nelson. Now, let's watch the horse riding competition!

Vince. Can you ride a horse, Lizzie?

Lizzie. Yes, I can. Stop talking and look at this beautiful horse rider!

Vince. Is it a man? I can't see...

Lizzie. Yes, it is.

Vince. Can he jump the fences? They're so high!

Nelson. Oh no!!! No medal for the Irish champion.

Lizzie. No, he can't. Bad luck!

Nelson. Gymnastics now...

Vince. Oh I love gymnastics! Look at that woman, she's so supple!

Lizzie. Is she Russian?

Vince. No, she isn't. She's Canadian. Hey Lizzie! Look at me! I'm supple, I can do gymnastics, I'm a champion...

Lizzie. Oh no! Vince!

Vince. Ouch!!!

Lesson 3

Take part in a talent show!

→ p. 37

CD 1 *piste 42* MP3 *n° 32*

Tara. Hi! My name's Tara and I'm a candidate for the School Talent Show! I can juggle with 3 balls and I'm very supple, so I'm good at gymnastics. And I can ride a unicycle! I can do magic tricks and I can sing – especially Rihanna songs. But ... err ... sorry, I can't dance.

Oliver. Hello ! My name's Oliver and I'm a candidate for the Talent Show too! I can't juggle like Tara, but I'm funny, and I can be a clown! I'm very artistic and creative. I can write poems. I can also act very well and recite my poems.

Workshop 3

School in England

Rhythm & Rhymes

→ p. 42

CD 1 *piste 47*

School Supplies

Backpack.
Fruit snack.
Waterbottle too.
Calculator.
French translator.
Pink eraser.
Glue.

Notebooks.
Workbooks.
Poster paper.
Pens.
Dictionary.
Stationery.
Presents for my friends.

Lunchbox.
Tube socks.
Watercolors.
Tape.
Yellow pencils.
Plastic stencils.
One for every shape. [...]

Kenn Nesbitt

Scripts

Lesson 1

Experience an English school day!

→ p. 43

DVD

Jessica. Alex, I haven't got my French notebook! Oh, no! Miss Wilkins!

Alex. Hey, let's have a look in your locker! Wow! What a mess! Here's your maths textbook...

Jessica. Yes, we've got maths on Wednesdays!

Alex. Yes, we have... But it's Thursday today!

Jessica. Oh no, I'm so absent-minded!

Alex. On Thursday we've got French, PE... Have you got your trainers, Jessica?

Jessica. Yes, I have!

Alex. And then we've got science. Here's your science homework. What else have we got in this locker?... An old apple, a pair of dirty socks, and your favourite key ring!

Jessica. Thanks, Alex!

Miss Wilkins. Good morning Alex, good morning Jessica. How are you today?

Jessica. I've got a problem, Miss.

Alex. Jessica hasn't got her French notebook. She's very sorry.

Miss Wilkins. Never mind! It's our French day today: look! French songs, French games, French food, and ... no classes!

Jessica. Hooray!

Lesson 3

Present your ideal school day!

→ p. 45

CD 1 *piste 52* MP3 *n°44*

Rebecca. Wow! Kevin! Look at that chocolate muffin in the lunchbox! It looks delicious!

Kevin. Yeah! Yum yum! Whose lunchbox is it?

Rebecca. It's Lizzie's, I suppose. She loves cucumber sandwiches and crisps. And I think it's her jacket on the chair.

Kevin. No, it isn't. Lizzie's absent today! So it isn't her lunchbox!... Whose sandwiches are they?

Rebecca. Maybe they're Kate's sandwiches! She likes cucumbers and she loves chocolate muffins!

Kate. Hey, you two, this is my lunchbox! Don't touch it! I'm starving!

Rebecca. Hi, Kate! Don't worry! We just love your chocolate muffin!

Kevin. Lucky you!

Workshop 4

Welcome to my house!

Rhythm & Rhymes

→ p. 50

CD 2 *piste 01*

Look at my bedroom!
Dirty trainers everywhere!
What can I do? What can I do?
You can clean up, you can tidy up!
Why don't you? Why don't you?

Look at my living room!
Books and boxes everywhere!
What can I do? What can I do?
You can clean up, you can tidy up!
Why don't you? Why don't you?

Look at my kitchen!
Sandwiches everywhere!
What can I do? What can I do?
You can clean up, you can tidy up!
Why don't you? Why don't you?

Look at my bathroom!
Dirty tissues everywhere!
Atishoo! Atishoo!
Tidy up, tidy up. Do it right now!
Why don't you? Why don't you?

Lesson 1

Decorate your bedroom!

→ p. 51

DVD

Jessica. Alex, we're here!

Alex. Please, come in!

Jessica. Wow!

Lauren. Hi, Alex! Wow, I love your bedroom: it's great! You really love Star Wars, don't you?

Alex. Yes, I do!

Lauren. You've got a poster of *Star Wars*! Who's this?

Alex. Ah, this is Harrison Ford! I love him. He's a very good actor!

Jessica. I hate science fiction films.

Lauren. What? You don't hate science fiction films. You love the *Amazing Spider-Man*!

Jessica. That's different. Er ... it's an action film!... And there's Andrew Garfield! I love him! He's soooo cute! Look, I've got a picture of him in my phone!

Alex. He's sooooo cute! Well, Princess Leia's gorgeous!

Jessica. She isn't pretty: I don't like her at all! Look at her hair!

Lauren. Come on... She's really cute ... and in the film she's very brave!

Alex. Look at my new figure: Darth Vader!

Jessica. Yuck, he's ugly ... and scary!

Alex. I like him because he's scary ... and he's very smart!

Lauren. Ah, I know now why you like Jessica!

Jessica and Alex. What?

Lauren. He doesn't like you because you're smart, so he likes you because you're scary!

Lesson 2

Visit a British house

→ *p. 52*

CD 2 *piste* 05 MP3 *n°* 54

Wendy. Look Jason, this is my street!

Jason. Wow, I like all these red houses. The windows are cool!

Wendy. They're bow windows. They're in the living room in British houses.

Wendy. Mum, we're here!

Mrs Jones. Oh, hello Jason! Welcome to our house!

Jason. Thank you, Auntie Barbara.

Wendy. Jason, let's visit my house! So this is the living room with the sofas and the TV set. It's my favourite place. I love reading here!

Mrs Jones. And we love watching TV together. Oh, no Rex! Rex loves sleeping on the sofa!

Wendy. He likes sleeping on my bed too. You see, my bedroom is upstairs and he often goes there.

Jason. I see, how many bedrooms are there?

Wendy. There are three: one for my parents, one for my sister and one for me.

Jason. There are three bedrooms in my house too!

Wendy. Now the dining room. We have dinner here at 6.

Jason. At 6? This is early, we have dinner at 7 in America.

Wendy. And this is the kitchen. It's my father's favourite place. He loves cooking!

Jason. What does he like making?

Wendy. Chocolate cakes! They're delicious! I love them! Do you like cooking?

Jason. Yes, I do. I love cooking.

Mrs Jones. Oh great, so you prepare the dinner tonight!

Jason. Me?!?

Mrs Jones. I'm joking!

Lesson 3

Discover an extraordinary house!

→ *p. 53*

CD 2 *piste* 09 MP3 *n°* 58

Josh. Hello, my name's Josh. I love making houses on my computer. This is my favourite film hero's house... Guess who it is!

The house isn't huge, but it's special! Look! The windows are round. My hero is a very small man. He lives alone and he likes sleeping in his comfortable bedroom. There's a soft carpet under his double bed, but there's no lamp on the bedside table. It's strange, isn't it? That's because my hero is strange! The kitchen is simple: two chairs, a table, a sink and a fireplace. He likes sitting in front of the fireplace, drinking a nice cup of tea, with Gandalf, his friend. He puts all his food in the big cupboard. And when he's tired, he likes relaxing in the armchair. There's also a bath in the living room. I know my hero's weird!

So, can you guess whose house it is?

Workshop 5

Free time!

Rhythm & Rhymes

→ p. 58

CD 2 *piste* 14

What do you do in the morning?

What do you do in the morning? What do you do in the morning?

In the morning I get up. In the morning I go to school. In the morning I study maths. That's what I do!

What do you do in the afternoon? What do you do in the afternoon?

In the afternoon I eat. In the afternoon I play. In the afternoon I go home. That's what I do!

What do you do in the evening? What do you do in the evening?

In the evening I play. In the evening I sleep. In the evening I do homework. That's what I do!

Lesson 1

Speak about your routine

→ p. 59

DVD

Peter. Hurry up, Jessica!

Jessica. I'm coming!

Peter. Why are you always late on Saturday mornings, Jessica? It's quarter past 10. Lauren's singing class starts at half past ten, but your drama class starts at 10.

Lauren. Well, we wake up at ten to nine, but Jessica usually gets up at twenty past nine!

Then we have breakfast ... and Jessica eats a lot, so, it's twenty to ten when she finishes and then...

Jessica. And then you have a shower for half an hour! That's why we're late!

Lauren. No, I don't ... only have a shower! I practise my singing too! I always sing in the bathroom.

Peter. Really? That's a very good way of practising, Lauren!

Jessica. Oh, I often practise my lines in the bathroom too!

Peter. Excellent! Here, put on your costume Jessica.

Jessica. What's this?

Peter. Well, your Hulk costume of course. You're Hulk in our play about superheroes!

Jessica. Oh dear, I'm not Catwoman?

Lauren. You love green, don't you Jess?

Lesson 2

Discover a celebrity's weekend!

→ p. 60

CD 2 *piste* 20 MP3 *n°* 69

Philip. Good morning everybody, I'm Philip Granger. Welcome to Celebrity Chat!

Today, we've got a young girl from Cardiff. Hello! What's your name? And who's your favourite celebrity?

Karen. Hello! I'm Karen and I'm twelve. I'm a fan of the American actress Jennifer Lawrence. She's amazing!

Philip. Right! So what are your questions about her?

Karen. Well, what does she do at the weekend?

Philip. First, she usually gets up early and she has a big breakfast. She's very hungry in the morning!

Karen. What does she have for breakfast?

Philip. Well... She sometimes eats pizza for breakfast! But she exercises a lot!

Karen. And what does she do in the afternoon?

Philip. I think she visits her family. She's got two brothers. And she often walks her dog. She loves her dog! OK, thank you very much Karen. That's the end of our programme. Bye everybody!

Lesson 3

Do a quiz!

→ p. 61

CD 2 *piste* 24 MP3 *n°* 73

Mary. Well, I've got a quiz for you, Nadia! How do you spend your free time?

Nadia. Great, Mary! I love quizzes!

Mary. OK! So... First question: on Saturdays, do

you usually go shopping, listen to music, watch TV or do your homework?

Nadia. Well, I usually do my homework and I often listen to music.

Mary. OK! I go shopping and watch TV. Second question Nadia: on Sundays, do you usually stay at home, visit your family, go to the cinema or go to the ice rink?

Nadia. Well, let me think... I often visit my family!

Mary. I go to the ice rink. Now, third question: what's your favourite activity? Cooking, reading, surfing the Net, other?

Nadia. I love cooking! It's my favourite thing. I want to be a cook!

Mary. Really? I hate cooking! I prefer dancing! I want to be a hip hop dancer. Now last question: how often do you do sport?

Nadia. Don't ask me about sport. I hate sport! It's boring!

Mary's dad. Hey, you two! The cake's ready!

Mary. OK! Coming dad!

PART 3

Workshop 6

British cooking

Lesson 1

Discover British food!

A. On a food trip

→ p. 70

CD 2 piste 28 MP3 n° 79

James. Hi, everybody! This is James from Radio12. Today, Marina Robinson, the famous chef, is with us for our special report on... British food! Hello, Marina!

Marina. Hi, James! Let's start with an English speciality: the full breakfast! With eggs, bacon, baked beans, tomatoes, sausages, and of course toast!

James. Thanks, Marina! What's next on our food trip?

Marina. Well, James, let's go to Wales to taste Welsh rarebit! Welsh rarebit is cheese on toast. And we mustn't forget teatime! Do you like Scottish shortbread, James?

James. I love it, Marina!

Marina. I do too. And, we only need flour, butter and sugar, to make this wonderful Scottish speciality!

James. Thanks, Marina, for this yummy food trip around Britain. Bye, bye, see you next week!

Lesson 1

Discover British food!

B. Poor waiter... (1)

→ p. 71

CD 2 piste 29 MP3 n° 80

Tim. Mmm, oh dear, where's the menu? The customers are here! I don't remember the prices. How much is the hamburger? I think it's ... six pounds fifty. Yes, that's it: six pounds fifty.

And what about the chips? How much are they? They're ... two pounds sixty. Yes, they're two pounds sixty.

Today there's some salad. Yes, yes... I know... Let me see... The salad is five pounds ... er ... five pounds forty!

Now, how much is the bacon and eggs? Bacon and eggs ... pfff ... four pounds eighty-nine. Yes, I'm sure it's four pounds eighty-nine!

Now the chicken curry... I love chicken curry, but how much is it? It's six pounds thirty. Yes, six pounds thirty!

Lesson 1

Discover British food!

B. Poor waiter... (2)

→ p. 71

CD 2 piste 30 MP3 n° 81

Blake. Mila, how much money have you got?

Mila. I've got three pounds twenty. And you, Blake?

Blake. Four pounds. That's seven pounds twenty.

Tim. Good evening. I'm Tim, your waiter. Here are the menus.

Blake. Mum, it's your birthday today, so we've got a surprise for you!

Mum. Oh, thank you! It's very kind of you!

Tim. Are you ready to order?

Mum. Yes, sure... Can I have some tomato soup and some bread, please?

Tim. No problem. And for you, sir?

Dad. Have you got any Welsh rarebit? I love Welsh food.

Tim. No, sir. I'm sorry. We haven't got any Welsh rarebit.

Dad. And have you got any chicken?

Tim. I'm afraid there's no chicken today.

Dad. OK, can I have the fish and chips then, please!

Tim. Of course, sir. And for you?

Blake. Two burgers and chips, please.

Mila. And don't forget the birthday cake!

Blake. Oh, no! Our surprise!

Mum. My birthday cake!

Tim. Oh, I'm so sorry! It isn't my day today!

Lesson 2

Prepare a dessert

A. Ready to cook?

→ p. 72

CD 2 *piste* 33 MP3 *n°* 84

For this recipe, you'll need 100 g of sugar, 75 g of butter, 100 g of flour and a teaspoon of baking powder, 1 large egg and 4 carrots!

Lesson 2

Prepare a dessert

B. A yummy recipe

→ p. 72

CD 2 *piste* 34 MP3 *n°* 85

Lucy. Hi, there ! I'm Lucy and I love cooking!

David. Hi! I'm David. I'm her assistant chef.

Lucy. You'll like this dessert. It's ... yummy! I love mini carrot cakes!
Are you ready for this recipe?
First, David, preheat the oven to 200° Celsius...
Thank you David!
Next, peel and grate 4 carrots.
Pour the sugar, the butter, the flour and the baking powder into the bowl.
Mix with the carrots.
Beat the egg in another bowl, then add it to the mixture.
Pour the mixture into the cake cases using two tablespoons.
Finally, put the carrot cakes into the oven and bake for 20 minutes until golden.
Nice!!!

Lesson 2

Prepare a dessert

C. Lucy's topping

→ p. 73

CD 2 *piste* 35 MP3 *n°* 86

Lucy. Let's add the topping. David, can you mix together 220 g of cream cheese, 1 teaspoon of vanilla and 125 g of butter?

David. Lucy, isn't that too much butter?

Lucy. No, it's a lot, but it's OK! Next, add a little icing sugar, not much. Can you taste? Is it right? OK, spread it on the cakes. Finally, sprinkle a few Smarties on the top.

David. Lucy, how many Smarties? A lot of them?

Lucy. No, not many, it's only to decorate! About a tablespoon. If you have no Smarties, add a few raisins or a little cinnamon.

David. Yum! I love this cake a lot!

Workshop 7

A trip to Ireland!

Rhythm & Rhymes

→ p. 78

CD 2 *piste* 40

Can you dance?

Can you dance like the Irish do?
They hop and they smile
In Dublin they do.
Can you dance like the Irish do?

They hop and they smile
In Dublin they do.
Ireland we love you! Scotland we love you!
And Wales too!

Can you dance like the Scots do?
They hop and they smile
In Glasgow they do.
Can you dance like the Scots do?
They hop and they smile
In Glasgow they do.
Ireland we love you! Scotland we love you!
And Wales too!

Can you dance like the Welsh do?
They hop and they smile
In Cardiff they do.
Can you dance like the Welsh do?
They hop and they smile
In Cardiff they do.
Ireland we love you! Scotland we love you!
And Wales too! (x3)

Lesson 1

Let's go to Ireland!

A. Getting ready!

→ p. 80

CD 2 *piste 41* MP3 *n° 93*

Luke's mum. Luke, come here! You must pack your suitcase for the trip.

Luke. Here I am, Mum, and I've got the school's list!

Luke's mum. Perfect. OK, you need trainers.

Luke. Here they are, Mum.

Luke's mum. OK, let's put them in a bag in your suitcase. And you need a raincoat: it often rains in Ireland! Where are your rubber boots, Luke?

Luke. Mum, there aren't any rubber boots on the school list and I hate rubber boots!

Luke's mum. All right... Let me check your toilet bag. Good... Your toothbrush, your toothpaste, a comb, shampoo and soap. And oh ... what's this? Your hair gel? Is hair gel on the school list?

Luke. Well, no, it isn't... But I need it, Mum! I'm cute with my hair gel!

Luke's mum. I understand.

Lesson 1

Let's go to Ireland!

B. We're arriving!

→ p. 81

CD 2 *piste 42* MP3 *n° 94*

Mrs Watts. Look, everyone! The Wicklow Mountains. Isn't that view fantastic?

Leila. Wow, it's beautiful.

Mrs Watts. This spot is very famous. You can see these mountains in the film Excalibur.
Luke, are you listening?

Luke. Yes, Mrs Watts.

Mrs Watts. We're arriving at the car park. Don't forget the class project, so take your cameras with you.

Leila. I can't find my camera! I've got my umbrella, my hairbrush... Jenny?

Luke. Jenny's sleeping. Jenny, wake up! We're getting off the coach!

Jenny. I'm not sleeping! But I haven't got your camera, Leila.

Leila. And you, William? William? Have you got my camera?

Luke. He can't answer you. He's listening to his MP3 player.

Leila. But where is my camera?

Luke. Hey Leila, look at Mrs Watts outside! She's taking pictures with ... your camera!

Lesson 2

Visit Ireland!

A. At the souvenir shop

→ p. 82

CD 2 *piste 46* MP3 *n° 97*

Leila. Look at this key ring, William. It's a shamrock, the symbol of Ireland. It's only €1.50. It's really nice.

William. Yes! And look! That mug over there is nice too!

Leila. Where is it? I can't see it!

William. It's over there in the corner, next to those green umbrellas.

Leila. Wow! I love these umbrellas! But they're €10... They're expensive. And the mug is €6. Mmm,

I'll take two key rings, one for Mum and one for my friend Julia.

Lesson 2

Visit Ireland!

B. A surprising museum!

→ p. 82

CD 2 piste 47 MP3 n° 98

Mrs Watts. We're arriving at the museum. When we go inside, please be quiet.

Voices. Yes, Mrs Watts.

Guide. Hello, everybody! Welcome to the Dublinia Museum. Dublinia is a very famous museum about the Vikings. They lived in Dublin a long time ago. They arrived by boat from the North of Europe. And did you know they invented the first pair of glasses and the first comb? You can touch some of the objects, like the weapons, but you must be careful. They are very old!

Chris. We can touch! It's great! I like it!

Jenny. Hey... Look at these chains here! Arghh! They're very heavy!

Chris. Ha ha... Leila looks like a real Viking with this strange helmet on her head!

Jenny. Look at that sword over there in the corner! It's huge! Ooooh! It's so heavy!

Chris. Be careful, Jenny!

Jenny. Oops, too late!

Workshop 8

Scotland's magic!

Lesson 1

Speak about Scotland's past

A. On a ghost tour!

→ p. 90

CD 3 piste 02 MP3 n° 107

Mark. Where were you yesterday, Sophie? I called but no one answered.

Sophie. Yesterday, I was in Edinburgh with my parents.

Mark. I suppose you visited the castle.

Sophie. Yes, we did, actually. We arrived at 3 pm and visited the castle.

Mark. Great!

Sophie. It was beautiful! Next, we had dinner in a restaurant. There were strawberries and cream on the menu!

Mark. Mmm! Delicious!

Sophie. And then, in the evening, we walked in the streets of Edinburgh with a guide and a group of tourists. We were so afraid.

Mark. Afraid? Why?

Sophie. Because it was a ghost tour! The guide was an actor. He played the role of Adam the ghost!

Mark. Really?

Sophie. Yes, Adam was born in 1785 and he died in 1811, but his ghost stayed in the streets of Edinburgh!

Mark. Wow!

Sophie. The guide was a very good actor! At the corner of a street, he touched me on the shoulder and he screamed! BOOH!

Mark. Wow! YOU scared me too!

Lesson 2

Discover a Scottish legend

B. The angry witch!

→ p. 93

CD 3 piste 07 MP3 n° 111

Narrator. Listen to the end of the story... After she caught Willie, Lukkie Minnie went to the garden to get some carrots.

Girl. Really, why did she want carrots?

Narrator. Well, because she wanted to make some soup with carrots ... and Willie!

Girl. Oh, how horrible!

Narrator. But Willie had an idea! He cut the sack with his knife. And he ran away! But the dog barked.

Girl. Oh no, did the witch hear the dog?

Narrator. Yes, she heard the dog and she ran back home!

Girl. Did she find Willie?

Narrator. No, she didn't. She was furious! She ran down the hill after Willie!

Workshop 9

A holiday in New York!

Rhythm & Rhymes

→ p. 98

DVD

I love New York
I love New York
Central Park
Broadway
and Times Square
Street food
Any food
It's hard to compare
I love New York
I love New York
Subway
High line
Museums galore
Taxi cabs
Pedicabs
You don't need a car
I love New York
I love New York
Statue of Liberty
Museum of Natural History
Brooklyn Bridge
Coney Island
Yankee Stadium
Empire State Building
Grand Central
Governors Island
Rockefeller
Lincoln Center
And of course the Met
I'm not done yet
I love New York
I love New York
[…]

Lesson 1

Visit the Big Apple!

A. Amazing news

→ p. 100

CD 3 *piste 10* MP3 *n° 118*

Josh. Hi, Kelly! You know what? I'm going to go to New York! I'm so excited!

Kelly. What? Really?

Josh. Yes, I took part in a radio game about New York and I'm the winner! And... Guess what? I won a holiday for two! Do you want to go with me?

Kelly. Sure! Wow, wonderful! Thanks a lot! I'm so lucky!

Josh. We're going to visit New York with a guide. We've got a great programme! We're going to see the Statue of Liberty, watch a basketball match in Madison Square Garden and maybe see a musical on Broadway...

Kelly. Josh! That's great!

Josh. And there's a free day in the programme so we're going to...

Kelly. Oooh, I know! We're going to play baseball in Central Park! My dream!

Josh. Oh no, Kelly! You know I don't like baseball!

Lesson 1

Visit the Big Apple!

B. Welcome to Manhattan!

→ p. 101

CD 3 *piste 15* MP3 *n° 123*

Guide. Well, we're going to start our tour with one of the emblems of New York: the Statue of Liberty! Are you ready to climb the 354 steps to go to the top? Yes, I'm sure you can do it!

Then we're going to admire the One World Trade Center... Did you know the One World Trade Center only opened in May 2015 and it's going to attract four million visitors every year?

Let's continue with the Empire State Building! What a skyscraper! 102 floors and 73 elevators to go up to the top! The building is 1,454 feet high, that's 381 meters! Wow!

Then we're going to visit the Museum of Modern Art, also known as MoMA! You can admire 3,600 paintings in this wonderful museum!

Lesson 2

Let's have fun!

Discover Central Park

→ p. 102

CD 3 *piste 16* MP3 *n° 124*

Josh. Today, our guide isn't with us, so we're on our own! Let's choose our visits!

Kelly. Here, take my tablet! What about going to Central Park first? Let's see... What can we do there? Any interesting activities?

Josh. Well... What about walking to Conservatory Water and navigating a boat?

Kelly. Good idea! And we can see the famous Alice in Wonderland Statue! I read the book *Alice's Adventures in Wonderland* last year! My favourite character's the rabbit.

Josh. Kelly, Central Park looks so magic! Let's spend the day there! And for lunch, let's buy a hot dog from a snack stop next to Sheep Meadow. Look at this photo! We can have a snack there and we can admire the skyline! Then we can take a nap!

Kelly. Great! Oh... and what about taking a carriage in the afternoon? I love horses! What do you think?

Josh. Good idea! And tonight, we're meeting our guide again and we're going to go to a show... a musical on Broadway!

Kelly. That sounds fantastic! What a wonderful day!

Celebrate Halloween

A Halloween poem

→ p. 118

CD 3 *piste 20*

Trick or treat! Trick or treat!
Happy children in the street.
Sad ghosts and angry monsters,
Big black cats and grey spiders,
Little witches and old skeletons.
Look at the Jack o'Lanterns!
Ring! Ring! Give us some sweets!
Trick or treat! Trick or treat!
Good evening
And happy Halloween!

Celebrate Pancake Day

A Pancake Day poem

→ p. 123

CD 3 *piste 23*

Mix a pancake

Mix a pancake,
Stir a pancake,
Pop it in the pan;
Fry the pancake,
Toss the pancake,
Catch it if you can.

Christina Rossetti

Lexique

Qu'est-ce qu'un lexique ?

Un lexique est comme un petit dictionnaire. Celui-ci est adapté au programme de 6e.
Il contient deux parties :

Quels renseignements peux-tu y trouver ?

- Le lexique te donne la **traduction** ou le **sens** des mots tels qu'ils sont employés dans les documents de ton manuel.
- Il contient également des exemples en bleu pour t'aider à comprendre et utiliser les mots anglais.
- Il t'apporte d'autres renseignements, quand c'est utile, comme la **classe** des mots, et précise si le verbe dont tu as besoin est irrégulier :

Abréviations utilisées			
(adj) :	adjectif	*(prep)* :	préposition
(n) :	nom	*(v)* :	verbe
(adv) :	adverbe	* *(v)* :	verbe irrégulier
(pl) :	pluriel	*(fam)* :	familier

- Il t'indique la **prononciation** des mots difficiles.

fight fight
/aɪ/

- Si tu ne te souviens pas des **symboles phonétiques**, reporte-toi à la page II, au début de ton manuel !
- Il comporte également de **petites notes** pour attirer ton attention sur certaines difficultés de l'anglais.

Attention ! *Pretty* s'utilise davantage pour parler d'une fille et *handsome* d'un garçon.

Quand peux-tu l'utiliser ?

- **En classe**, quand ton professeur te le demande.
- **À la maison** et en étude, quand tu travailles tes leçons ou prépares un exercice.

A

absent-minded *(adj)* /aɪ/	distrait(e), étourdi(e)
act *(v)*	faire du théâtre ou du cinéma
act out *(v)*	jouer *(un rôle)*
actor (actress) *(n)*	acteur (actrice)
add *(v)*	ajouter
admission *(n)*	entrée *(d'un théâtre, d'un musée)*
afraid: be afraid *(v)*	avoir peur
afternoon *(n)*	après-midi
in the afternoon	l'après-midi
again *(adv)*	encore, de nouveau
ago *(adv)*	il y a
A long time ago…	Il y a longtemps…
agree *(v)*	être d'accord
alarm clock *(n)*	réveil
alone *(adj)*	seul(e)
also *(adv)*	aussi, également
always *(adv)*	toujours
amazing *(adj)* /ə/ /eɪ/	incroyable, étonnant(e)
angry *(adj)*	en colère
answer *(n)*	réponse
answer *(v)*	répondre
apple *(n)*	pomme
armchair *(n)* /tʃ/	fauteuil
arrive *(v)* /aɪ/	arriver
art *(n)*	arts plastiques *(matière scolaire)*
artistic *(adj)*	qui a un sens artistique
artwork *(n)*	œuvre d'art
ask *(v)*	demander
ask questions *(v)*	poser des questions
attic *(n)*	grenier
aunt *(n)*	tante
author *(n)*	auteur(e)

B

bad *(adj)*	mauvais(e)
bag *(n)*	sac
bake *(v)* /eɪ/	faire cuire au four
baked beans *(n pl)* /eɪ/	haricots blancs à la sauce tomate
bakery *(n)* /eɪ/	boulangerie, pâtisserie
baking powder *(n)* /eɪ/ /aʊ/	levure chimique
banknote *(n)*	billet *(de banque)*
bark *(v)*	aboyer
bath *(n)*	bain, baignoire
bathroom *(n)*	salle de bains
be* *(v)* /iː/	être
bean *(n)*	haricot
bear *(n)* /eə/	ours
beat* *(v)*	battre
beautiful *(adj)* /juː/	beau (belle)
because	parce que
become* *(v)* /ɪ/ /ʌ/	devenir
bed *(n)*	lit
bedroom *(n)*	chambre
bedside table *(n)* /aɪ/ /eɪ/	table de chevet
behind /aɪ/	derrière
bell *(n)*	cloche
best: the best	le (la) meilleur(e)
between	entre
big *(adj)*	grand(e), gros(se)
bike *(n)* /aɪ/	vélo
birthday *(n)* /ɜː/	anniversaire
bit: a bit	un peu
blond *(adj)*	blond(e)
blouse *(n)*	chemisier
boat *(n)* /əʊ/	bateau

Anglais	Français
book *(n)*	livre
boot *(n)*	botte
bored *(adj)*	qui s'ennuie
boring *(adj)*	ennuyeux(se)
born *(adj)*	né(e)
be* born *(v)*	être né
bow tie *(n)* /aɪ/	nœud papillon
bow window *(n)*	fenêtre en arc de cercle
box *(n)*	boîte
boy *(n)*	garçon
brave *(adj)* /eɪ/	courageux(se)
bread *(n)* /e/	pain
break *(n)* /eɪ/	pause, récréation
break* *(v)* /eɪ/	casser
breakfast *(n)*	petit déjeuner
bright *(adj)* /ai/	vif (vive) *(couleur)*
brother *(n)*	frère
building *(n)*	immeuble, bâtiment
bun *(n)*	petit pain *(individuel)*
bus *(n)*	bus
but	mais
butter *(n)*	beurre
buy* *(v)* /aɪ/	acheter

C

Anglais	Français
cab *(n)*	taxi
cake *(n)* /eɪ/	gâteau
call *(v)*	appeler
camera *(n)*	appareil photo
canteen *(n)*	cantine
canyon *(n)*	canyon, gorge
cap *(n)*	casquette
car park *(n)*	parking
careful *(adj)* /eə/	prudent(e)
be* careful *(v)*	faire attention
carpet *(n)*	tapis
carriage *(n)*	calèche
castle *(n)*	château
catch* *(v)*	attraper
celebrity *(n)*	célébrité
chain *(n)* /tʃ/	chaîne
chair *(n)* /tʃ/	chaise
channel *(n)* /tʃ/	chaîne *(de télévision)*
cheese *(n)* /tʃ/	fromage
chicken *(n)* /tʃ/	poulet
chips *(n pl)* /tʃ/	frites
choice *(n)* /tʃ/ /ɔɪ/	choix
choose* *(v)* /tʃ/	choisir
cinnamon *(n)*	cannelle
circle *(n)* /ɜː/	cercle, rond
city *(n)* *(pl* **cities)**	(grande) ville
classmate *(n)* /eɪ/	camarade de classe
classroom *(n)*	salle de classe
classy *(adj)* *(fam)*	classe *(adj)*, chic
clean (up) *(v)*	nettoyer
climb *(v)* /ai/	monter, escalader
clock *(n)*	horloge
close *(v)*	fermer
clothes *(n pl)*	vêtement
coach *(n)* /əʊ/	car, autocar
cold *(adj)*	froid(e)
comb *(n)*	peigne
come* *(v)*	venir
come* from *(v)*	venir de
comfortable *(adj)*	confortable
congratulations *(n pl)*	félicitations
cook *(n)*	cuisinier
cook *(v)*	cuisiner
cooking *(n)*	cuisine *(activité)*

corner *(n)* coin
costume *(n)* costume (*de spectacle*)
country *(n)* *(pl* **countries)** pays
/ʌ/
countryside *(n)* campagne
/ʌ/ /aɪ/
courageous *(adj)* courageux(se)
/eɪ/ /ə/
course: *voir* **of course**
crazy *(adj)* fou (folle)
/eɪ/
cream cheese *(n)* fromage frais à tartiner
creative *(adj)* créatif(ve)
/eɪ/
crisps *(n pl)* chips
cucumber *(n)* concombre
/juː//ʌ/
cupboard *(n)* placard
/ʌ/
curly *(adj)* bouclé(e) *(cheveux)*
/ɜː/
cushion *(n)* coussin
/ʊ/
customer *(n)* client(e)
/ʌ/
cut* *(v)* couper
cute *(adj)* mignon(ne)
/juː/

D

dance *(v)* danser
dancer *(n)* danseur(se)
dark *(adj)* foncé(e), sombre
dark *(n)* pénombre
desk *(n)* bureau *(meuble)*
detective *(n)* détective
die *(v)* mourir
/aɪ/
dining room *(n)* salle à manger
/aɪ/
dinner *(n)* dîner *(n)*
  have dinner *(v)* dîner *(v)*
disagree *(v)* ne pas être d'accord
  I disagree! Je ne suis pas d'accord !
discover *(v)* découvrir
dish *(n)* plat
district *(n)* quartier *(d'une ville)*
dive* *(v)* plonger
/aɪ/
do my homework *(v)* faire mes devoirs
door *(n)* porte
/ɔː/
double bed *(n)* lit à deux places
drama *(n)* théâtre *(activité)*
draw* *(v)* dessiner
/ɔː/
dress *(n)* robe
dressed: get* dressed *(v)* s'habiller
drink* *(v)* boire

E

early tôt, de bonne heure
/ɜː/
eat* *(v)* manger
egg *(n)* œuf
elevator *(n)* ascenseur
/eɪ/
embarrassed *(adj)* gêné(e)
/ɪ/ /t/
end *(n)* fin
England *(n)* Angleterre
enjoy *(v)* apprécier, aimer
escape *(v)* échapper, s'échapper
/eɪ/
even *(adv)* même
/iː/
evening *(n)* soir
/iː/
  in the evening le soir
every chaque
  every day tous les jours
everywhere partout
exciting *(adj)* passionnant(e)
/aɪ/
exercise *(n)* exercice
/aɪ/
exercise *(v)* faire de l'exercice, faire du sport
/aɪ/
expensive *(adj)* cher (chère)
explain *(v)* expliquer
eye *(n)* œil
/aɪ/

F

face *(n)* /eɪ/	visage
fair *(adj)*	blond(e), clair(e)
fall* *(v)*	tomber
fame *(n)* /eɪ/	gloire
family *(n)*	famille
famous *(adj)* /eɪ/ /ə/	célèbre
fantastic *(adj)*	fantastique, formidable
fast *(adj)*	rapide
father *(n)*	père
favourite *(adj)* /eɪ/	préféré(e)
fight* *(v)* /aɪ/	se battre
fill in *(v)*	compléter
finally *(adv)* /aɪ/	enfin, pour finir
find* *(v)* /aɪ/	trouver
find* out *(v)*	découvrir
fine *(adj)* /ai/	bien
I'm fine!	Je vais bien ! Ça va !
finger *(n)*	doigt
finish *(v)*	terminer, finir
fire *(n)* /aɪə/	feu
fireplace *(n)* /aɪə/ /eɪ/	cheminée *(à l'intérieur d'une maison)*
first *(adj)* /ɜː/	premier(ère)
first *(adv)* /ɜː/	premier, en premier, premièrement
first name *(n)* /ɜː/ /eɪ/	prénom
flag *(n)*	drapeau
flat *(adj)*	plat
flat *(n)*	appartement
floor *(n)* /ɔː/	sol
on the floor	par terre
flour *(n)* /aʊ/	farine
fly *(v)*	voler (en avion)
foggy *(adj)*	brumeux(se)
It's foggy!	Il y a du brouillard !
food *(n)*	nourriture
forecast *(n)*	prévision
forget* *(v)*	oublier
forget* to *(v)*	oublier de
free *(adj)*	gratuit(e), libre
free time /aɪ/	temps libre
friend *(n)*	ami(e)
from *(prep)*	de *(provenance)*
He's from London.	Il est originaire de Londres.
fun *(adj)* /ʌ/	amusant(e)
It's great fun!	C'est très amusant!
funny *(adj)*	drôle, amusant(e)

G

game *(n)* /eɪ/	jeu
garden *(n)*	jardin
geography *(n)*	géographie
German *(adj)*	allemand(e)
get* up *(v)*	se lever
get* dressed *(v)* /t/	s'habiller
get* off *(v)*	descendre
ghost *(n)*	fantôme
girl *(n)* /ɜː/	fille
give* *(v)*	donner
glasses *(n pl)* /sɪz/	lunettes
go* *(v)*	aller
go* to *(v)*	aller à
go* shopping *(v)*	faire des achats
good at *(adj)*	bon(ne), doué(e) en
good-looking *(adj)*	beau (belle)
gorgeous *(adj)* /ə/	superbe
grandfather *(n)*	grand-père
grandma *(n)*	mamie

grandmother *(n)* grand-mère
grandpa *(n)* papi
granny *(n)* mamie
grate *(v)* /eɪ/ râper
grave *(n)* /eɪ/ tombe
great *(adj)* /eɪ/ super, génial(e)
Great Britain *(n)* /eɪ/ Grande-Bretagne
guess *(v)* deviner
guide *(n)* /aɪ/ guide
gym *(n)* gymnase
gymnast *(n)* gymnaste
gymnastics *(n)* gymnastique

H

hair *(n)* cheveux
hair gel *(n)* gel à coiffer
hairbrush *(n)* brosse à cheveux
hand *(n)* main
handbag *(n)* sac à main
handsome *(adj)* beau (belle)
happen *(v)* arriver, se passer
happy *(adj)* heureux(se), joyeux(se)
hat *(n)* chapeau
hate *(v)* /eɪ/ détester
have* *(v)* avoir
have* breakfast *(v)* prendre le petit déjeuner
have* a shower *(v)* prendre une douche
head *(n)* /e/ tête
hear* *(v)* /ɪə/ entendre
heavy *(adj)* lourd(e)
helmet *(n)* casque
help *(v)* aider
here /ɪə/ ici
high *(adj)* /aɪ/ haut(e)
hill *(n)* colline
history *(n)* histoire *(matière scolaire)*
hole *(n)* trou
homework *(n)* devoirs *(à la maison)*
horse *(n)* cheval
horse riding *(n)* /aɪ/ équitation
house *(n)* /aʊ/ maison
how comment
How are you? Comment vas-tu / allez-vous ?
how much combien *(prix)*
How much are the umbrellas? Combien coûtent les parapluies ?
huge *(adj)* /juː/ énorme
hungry *(adj)* affamé(e)
She's hungry. Elle a faim.
husband *(n)* mari

I

ice *(n)* /aɪ/ glace
ice cream *(n)* crème glacée
ice rink *(n)* patinoire
icing sugar *(n)* /aɪ/ /ʃ/ sucre glace
if si
in *(prep)* dans
in front of *(prep)* devant
inside *(prep)* /aɪ/ à l'intérieur
intelligent *(adj)* intelligent(e)
interested *(adj)* intéressé(e)
interested in *(adj)* intéressé(e) par
interesting *(adj)* intéressant(e)
introduce *(v)* /juː/ présenter
Irish *(adj)* /ai/ irlandais(e) *(adj)*
island *(n)* /ai/ île
IT = information technology *(n)* informatique

J

jacket *(n)*	veste
jeans *(n pl)*	jeans
join *(v)*	rejoindre, s'inscrire
juggle *(v)*	jongler
jump *(v)*	sauter

K

key ring *(n)* /iː/	porte-clés
kitchen *(n)*	cuisine *(lieu)*
knife *(n)* /aɪ/	couteau
know* *(v)*	savoir, connaître

L

ladybird *(n)* /eɪ/ /ɜː/	coccinelle
lake *(n)* /eɪ/	lac
lamp *(n)*	lampe
land *(n)*	terre, pays
landscape *(n)* /eɪ/	paysage
large *(adj)*	grand(e), gros(se)
last *(adj)*	dernier(ère)
late *(adj)* /eɪ/	en retard
late *(adv)* /eɪ/	tard
learn* *(v)* /ɜː/	apprendre
lemon *(n)*	citron
let* *(v)*: Let's go!	Allons-y !
lettuce *(n)* /ɪ/	laitue, salade
library *(n)* /aɪ/	bibliothèque
lift *(n)*	ascenseur
like *(prep)* /aɪ/	comme
like *(v)* /aɪ/	apprécier, aimer
line *(n)* /aɪ/	réplique, texte *(au théâtre, au cinéma)*
link *(v)*	relier
listen to *(v)*	écouter
little *(adj)*	petit(e)
a little	un peu
live *(v)*	vivre, habiter
living room *(n)*	salon
locker *(n)*	casier
lollipop lady *(n)*	personne responsable de la circulation
long *(adj)*	long(ue)
look at *(v)*	regarder
look for *(v)*	chercher
look like *(v)* /aɪ/	ressembler à
lot: a lot	beaucoup
a lot of	beaucoup de
love *(v)*	aimer, adorer
luck *(n)*	chance
Bad luck!	Pas de chance !
lucky *(adj)*	qui a de la chance
lunch *(n)*	déjeuner
luxury *(adj)*	de luxe

M

mad *(adj)*	fou (folle)
make* *(v)* /eɪ/	faire, fabriquer
man *(n)* *(pl* **men)**	homme
map *(n)*	carte, plan
maple syrup *(n)* /eɪ/	sirop d'érable
master *(n)*	maître
match *(v)*	associer, relier
maths *(n)*	mathématiques
medal *(n)*	médaille
meet* *(v)*	rencontrer
mess *(n)*	fouillis, pagaille
messy *(adj)*	désordonné(e)
mike *(n)* /aɪ/	micro

milk *(n)* — lait

mirror *(n)* — miroir

miss *(v)* — manquer
I miss you! — Tu me manques !

mix *(v)* — mélanger

mobile (phone) *(n)* /aɪ/ — téléphone portable

modest *(adj)* — modeste

monkey *(n)* — singe

month *(n)* — mois

mood *(n)* — humeur
He is in a bad mood! — Il est de mauvaise humeur !

morning *(n)* — matin
in the morning — le matin

mother *(n)* — mère

mountain *(n)* /aʊ/ — montagne

movie *(n)* — film

mug *(n)* /ʌ/ — (grande) tasse

museum *(n)* /juː/ /ɪə/ — musée

musical *(n)* — comédie musicale

N

name *(n)* /eɪ/ — nom

nap *(n)* — sieste

need *(v)* — avoir besoin de

never *(adv)* — jamais

new *(adj)* /juː/ — nouveau(elle)

next *(adv)* — ensuite
next to *(prep)* — à côté de

nice *(adj)* /aɪ/ — joli(e), gentil(le)

notebook *(n)* — cahier

now *(adv)* /aʊ/ — maintenant

number *(n)* — nombre

nut *(n)* — noix, noisette, amande

O

odd one out *(n)* — intrus(e)

of course — bien sûr

often *(adv)* — souvent

old *(adj)* — vieux (vieille)

on *(prep)* — sur

only *(adv)* — seulement

open *(v)* — ouvrir

opposite *(prep)* — en face de

other *(adv)* — autre

outdoors /aʊ/ /ɔː/ — en plein air

outgoing *(adj)* — sociable

outside *(adv)* /aɪ/ — à l'extérieur

over there — là-bas

P

pack *(v)* — faire ses bagages
pack a suitcase *(v)* — faire une valise

paint *(v)* — peindre

parents *(n pl)* — parents

passenger *(n)* — passager(ère)

past *(n)* — passé

PE = physical education *(n)* — EPS = éducation physique et sportive

pear *(n)* /eə/ — poire

peel *(v)* — éplucher

people *(n)* — gens, personnes

perform *(v)* — exécuter un numéro *(de spectacle)*

phone *(n)* — téléphone

phone *(v)* — téléphoner

pick up *(v)* — piocher *(une carte)*

picture *(n)* — image, photo
take* a picture *(v)* — prendre une photo

piece *(n)* — morceau *(nourriture, musique)*

place *(n)* /eɪ/ — endroit

plant *(n)* — plante verte
platform *(n)* — quai
play *(v)* — jouer
  play football *(v)* — jouer au football
  play the guitar *(v)* — jouer de la guitare
player *(n)* — joueur(se)
pony *(n)* *(pl* **ponies***)* — poney
post office *(n)* — bureau de poste
poster *(n)* — affiche
potato *(n)* *(pl* **potatoes***)* — pomme de terre
pour *(v)* /ɔː/ — verser
powder *(n): voir* **baking powder**
practise *(v)* — s'entraîner, pratiquer
preheat *(v)* /iː/ — préchauffer
pretty *(adj)* — joli(e)
price *(n)* /aɪ/ — prix
price tag *(n)* /aɪ/ — étiquette *(de prix)*
prisoner *(n)* — prisonnier(ère)
project *(n)* — projet
protect *(v)* — protéger
proud *(adj)* /aʊ/ — fier(ère)
pupil *(n)* /juː/ — élève
put* *(v)* /ʊ/ — mettre

Q

quiet *(adj)* /aɪə/ — silencieux(se), calme
quite *(adv)* /aɪ/ — plutôt, assez

R

race *(n)* /eɪ/ — course
raincoat *(n)* /əʊ/ — imperméable *(n)*
rainy *(adj)* — pluvieux(se)
raisins *(n pl)* — raisins secs
ranger *(n)* — gardien(ne) *(de parc national)*
rarebit *(n)* — toast au fromage *(spécialité galloise)*
rarely *(adv)* — rarement
read* *(v)* — lire
ready *(adj)* — prêt(e)
real *(adj)* /ɪə/ — vrai(e), véritable
really *(adj)* /ɪə/ — vraiment, réellement
recap on *(v)* — récapituler
  Recap on the recipe! — Récapitule la recette.
recipe *(n)* /ɪ/ — recette
redwood *(n)* — séquoia
relax *(v)* — se détendre
remember *(v)* — se souvenir
ride* a bike *(v)* /aɪ/ — faire du vélo
ride* a horse *(v)* /aɪ/ — monter à cheval
right *(adj)* /aɪ/ — correct(e)
road *(n)* /əʊ/ — route
role *(n)* — rôle
room *(n)* — pièce *(d'une maison)*
round *(adj)* /aʊ/ — rond(e)
rowing *(n)* — aviron *(sport)*
rubber boots *(n pl)* — bottes en caoutchouc
rule *(n)* — règle, règlement
run* *(v)* — courir

S

sad *(adj)* — triste
salad *(n)* — salade composée
Saturday *(n)* — samedi
sausage *(n)* /ɒ/ /dʒ/ — saucisse
say* *(v)* — dire
scare *(v)* /eə/ — effrayer, faire peur à

scary *(adj)* /eə/	effrayant(e), qui fait peur
school *(n)*	école
schoolbag *(n)*	cartable
science *(n)* /aɪ/	science
scone *(n)* /ɒ/	gâteau
Scot *(n)*	Écossais(e) *(n)*
Scotland *(n)*	Écosse
Scottish *(adj)*	écossais(e)
scream *(v)*	crier, hurler
sea *(n)*	mer
season *(n)*	saison
see* *(v)*	voir
See you soon!	À bientôt !
send* *(v)*	envoyer
sentence *(n)*	phrase
serious *(adj)* /ɪə//ɪə/	sérieux(se)
shampoo *(n)*	shampoing
shamrock *(n)*	trèfle à trois feuilles *(symbole de l'Irlande)*
shirt *(n)* /ɜː/	chemise
shoe *(n)* /uː/	chaussure
shop *(n)*	magasin
souvenir shop *(n)*	magasin de souvenirs
shopkeeper *(n)*	commerçant(e)
short *(adj)*	petit(e), court(e)
shortbread *(n)*	sablé
shoulder *(n)*	épaule
shout *(v)* /aʊ/	crier
show *(n)*	spectacle
show* *(v)*	montrer
shuttlecock *(n)*	volant *(de badminton)*
shy *(adj)* /aɪ/	timide
sick *(adj)*	malade
sign *(n)* /aɪ/	panneau
sing* *(v)*	chanter
singer *(n)*	chanteur(se)
singing *(n)*	chant
singing class *(n)*	cours de chant
sink *(n)*	évier, lavabo *(US)*
sister *(n)*	sœur
sit* *(v)*	s'assoir
skill *(n)*	savoir-faire, talent
skirt *(n)* /ɜː/	jupe
sky *(n)* /aɪ/	ciel
skyscraper *(n)* /eɪ/	gratte-ciel
sleep* *(v)*	dormir
slow *(adj)*	lent(e)
small *(adj)*	petit(e), de petite taille
smart *(adj)*	intelligent(e), élégant(e)
snack *(n)*	collation, goûter
snow *(n)*	neige
snow *(v)*	neiger
snowman *(n)*	bonhomme de neige
so *(adv) (+ adj)*	tellement *(+ adj)*
so-so *(adv)*	comme ci, comme ça
soap *(n)* /əʊ/	savon
sociable *(adj)* /ʃ/	sociable
sofa *(n)*	canapé
soft *(adj)*	doux(ce)
sometimes *(adv)* /aɪ/	parfois
song *(n)*	chanson
soon *(adv)*	bientôt
sorry *(adj)*	désolé(e)
soup *(n)*	soupe
Spanish *(adj)*	espagnol(e)
speak* *(v)*	parler
speak* about *(v)*	parler de
speech balloon *(n)*	bulle de parole
spell *(v)*	épeler
spend* time *(v)* /aɪ/	passer du temps
spider *(n)* /aɪ/	araignée
sporty *(adj)*	sportif(ve)
spot *(n)*	endroit
spot *(v)*	repérer
spread* (over) *(v)*	étaler (sur)

sprinkle *(v)*	saupoudrer
square *(adj)* /eə/	carré(e)
stadium *(n)* /eɪ/	stade
star *(n)*	étoile
start *(v)*	commencer
starving *(adj)*	affamé(e)
I'm starving!	Je meurs de faim !
stay *(v)*	rester
stay at home *(v)*	rester à la maison
step *(n)*	marche (d'escalier)
skyscraper *(n)*	gratte-ciel
stepfather *(n)*	beau-père
stepmother *(n)*	belle-mère
still *(adv)*	toujours, encore
stormy *(adj)*	orageux(se)
story *(n)*	histoire *(à lire, à raconter)*
straight *(adj)*	raide
I've got straight hair.	J'ai les cheveux raides.
strange *(adj)* /eɪ/	étrange
strawberry *(n)* /ɔː/	fraise
street *(n)*	rue
strict *(adj)*	sévère
study *(v)* /ʌ/	étudier, apprendre
subject *(n)*	matière scolaire
suddenly *(adv)*	soudain
sugar *(n)* /ʃ/	sucre
suitcase *(n)* /eɪ/	valise
sunny *(adj)*	ensoleillé(e)
supple *(adj)*	souple
surf the Net *(v)*	surfer sur Internet
surname *(n)* /ɜː/ /eɪ/	nom de famille
surprised *(adj)* /aɪ/	surpris(e)
swap *(v)*	échanger
sweater *(n)* /e/	pull
swim* *(v)*	nager
swimming pool *(n)*	piscine
sword *(n)*	épée

T

table *(n)* /eɪ/	table
tablespoon *(n)* /eɪ/	cuillère à soupe
tailcoat *(n)*	queue-de-pie
take* *(v)* /eɪ/	prendre
take* a picture *(v)*	prendre une photo
take* part in *(v)*	participer à
takeaway	à emporter *(nourriture)*
talent *(n)*	talent
talent show *(n)*	concours d'amateurs
talented *(adj)* /ɪd/	talentueux(se), doué(e)
tall *(adj)*	grand(e) *(taille)*
team *(n)*	équipe
teaspoon *(n)*	cuillère à café
technology *(n)*	technologie
tell* *(v)*	dire, raconter
textbook *(n)*	manuel *(scolaire)*
then *(adv)*	puis
think* *(v)*	penser
tick *(v)*	cocher
tidy *(adj)* /aɪ/	bien rangé(e), ordonné(e)
tidy up *(v)*	ranger
tie *(n)* /aɪ/	cravate
timetable *(n)* /aɪ/	emploi du temps
tired *(adj)* /aɪ/	fatigué(e)
toast *(n)* /aʊ/	pain grillé
today *(adv)*	aujourd'hui
toilet *(n)*	WC
toilet bag *(n)*	trousse de toilette
tomato *(n)* *(pl* **tomatoes)**	tomate
too *(adv) (en fin de phrase)*	aussi
He can ride a horse too.	Il sait monter à cheval aussi.
too *(adv) (+ adj)*	trop *(+ adj)*
Too late!	Trop tard !
toothbrush *(n)*	brosse à dents
toothpaste *(n)* /eɪ/	dentifrice

topping *(n)*	garniture, nappage
touch *(v)*	toucher
tour *(n)*	visite
We had a guided tour of the city.	Nous avons fait une visite guidée de la ville.
tourist *(n)*	touriste
tower *(n)* /aʊə/	tour *(bâtiment)*
town *(n)* /aʊ/	ville
trainers *(n pl)*	baskets
travel *(v)*	voyager
tree *(n)*	arbre
trick: magic trick *(n)*	tour de magie
trip *(n)*	voyage, excursion
trousers *(n pl)* /aʊ/	pantalon
try *(v)* /aɪ/	essayer
TV set *(n)*	(poste de) télévision

U

ugly *(adj)*	laid(e)
umbrella *(n)*	parapluie
uncle *(n)*	oncle
under *(prep)*	sous
underground *(n)*	métro (londonien)
unforgettable *(adj)*	inoubliable
unicycle *(n)* /ju//aɪ/	monocycle
uniform *(n)* /juː/	uniforme
use *(v)* /juː/	utiliser
usually *(adv)*	d'habitude, généralement

V

vanilla *(n)*	vanille
very *(adv)*	très
very well *(adv)*	très bien
view *(n)* /uː/	vue, panorama
visit *(v)*	visiter
visit my family *(v)*	rendre visite à ma famille

W

waistcoat *(n)*	gilet *(de costume)*
wake* up *(v)* /eɪ/	se réveiller
Wales *(n)*	Pays de Galles
walk *(v)* /ɔː/	marcher
walk the dog *(v)*	promener le chien
want *(v)*	vouloir
warm *(adj)*	doux(ce) *(météo)*
washbasin *(n)*	lavabo
watch *(v)*	regarder
water *(n)*	eau
water sports *(n pl)*	sports nautiques
weapon *(n)* /e/	arme
wear* *(v)* /eə/	porter *(un vêtement)*
weather *(n)* /e/	temps, météo
week *(n)*	semaine
weird *(adj)* /ɪə/	bizarre, étrange
Welcome!	Bienvenue !
Welsh *(adj)*	gallois(e) *(adj)*
Welsh rarebit	toast au fromage *(spécialité galloise)*
what	quel, quoi, qu'est-ce que
What time is it?	Quelle heure est-il ?
What?	Quoi ?
What do you want?	Que veux-tu ?
when	quand
where	où
who	qui

whose /uː/	à qui
why	pourquoi
wife *(n)* (*pl* **wives**) /aɪ/ /aɪ/	femme, épouse
win* *(v)*	gagner
window *(n)*	fenêtre
windy *(adj)*	venteux(se)
It's windy!	Il y a du vent !
winner *(n)*	gagnant(e)
witch *(n)*	sorcière
woman *(n)* (*pl* **women**)	femme
wonderful *(n)*	merveilleux(se)
word *(n)*	mot
work *(v)*	travailler
write* *(v)* /aɪ/	écrire
writer *(n)*	écrivain
wrong *(adj)*	faux(sse)

Y

yesterday *(adv)*	hier
Your turn!	À ton tour !
yummy *(adj)*	délicieux(se)

Comprendre les consignes de ton manuel et de ton *Workbook*

Answer your classmate's questions.	Réponds aux questions de ton camarade.
Ask your classmate questions.	Pose des questions à ton camarade.
Choose.	Choisis.
Circle.	Entoure.
Correct what's wrong.	Corrige les erreurs.
Count.	Compte.
Do the test.	Fais le test.
Draw.	Dessine.
Fill in the speech balloons.	Complète les bulles de parole.
Find.	Trouve.
Label.	Légende.
Link.	Relie.
Link the pictures to the labels.	Relie les images aux étiquettes.
Listen.	Écoute.
Look at the photo.	Regarde la photo.
Match.	Associe.
Pick up a card.	Pioche une carte.
Play.	Joue.
Put the pictures in the right order.	Mets les images dans l'ordre.
Quiz your classmates.	Teste les connaissances de tes camarades.
Read the text.	Lis le texte.
Recap.	Récapitule (ce que tu as compris).
Say what you can.	Dis tout ce que tu peux.
Say what's wrong.	Dis ce qui ne va pas.
Say why.	Explique pourquoi.
Select.	Choisis.
Sing.	Chante.
Speak.	Parle.
Spot.	Repère.
Stick.	Colle.
Swap roles.	Échangez vos rôles.
Talk.	Parle. / Discute.
Tick.	Coche.
Watch the video.	Regarde la vidéo.
Work in pairs.	Travaille avec ton voisin.
Write the end.	Écris la fin.

Abréviations

- WB **Workbook** (cahier d'activités)
- TB **Textbook** (manuel)

A

aboyer	bark
accord : être d'accord	agree
ne pas être d'accord	disagree
Je ne suis pas d'accord.	I disagree.
acheter	buy* /aɪ/
admirer	admire /aɪə/
affamé(e)	starving
Je meurs de faim !	I'm starving!
affiche	poster
aider	help
aimer	love, like
ajouter	add
Allemagne	Germany
aller (à)	go* (to)
Allons-y !	Let's go!
américain(e) ***(adj)***	American
C'est une voiture américaine.	It's an American car.

Attention, les adjectifs de nationalité prennent toujours une majuscule en anglais !

ami(e)	friend
anglais(e) ***(adj)***	English
Il est anglais.	He is English.
Angleterre	England
anniversaire	birthday /ɜː/
août	August
appareil photo	camera
appartement	flat
appeler	call
apprécier	like /aɪ/
apprendre	learn* /ɜː/
après-midi	afternoon
l'après-midi	in the afternoon
araignée	spider /aɪ/
arbre	tree
arme	weapon /e/
arriver	arrive /aɪ/
arriver, se passer	happen
arts plastiques	art
ascenseur	lift *(GB)*, elevator *(US)* /eɪ/
asseoir : s'asseoir	sit*
Asseyez-vous !	Sit down!
attention : faire attention	be* careful
attraper	catch*
aujourd'hui	today
aussi, également	also
australien(ne) ***(adj)***	Australian
Mon professeur est australien.	My teacher's Australian.

Attention, les adjectifs de nationalité prennent toujours une majuscule en anglais !

autocar, car	coach /əʊ/
avoir	have*
J'ai un chien et deux chats.	I have got a dog and two cats.

Attention ! *Have* devient *has* à la 3ème personne du singulier ! *Have* est associé à *got* en anglais britannique.

avoir besoin de	need
avril	April

B

bagages : faire ses bagages	pack
Je fais mes bagages pour le week-end.	I'm packing for the weekend.
baignoire	bath
bain	bath
prendre un bain	have a bath
bande, rayure	stripe /aɪ/
baskets	trainers
bateau	boat /əʊ/
battre	beat*
se battre	fight* /aɪ/
beau (belle)	beautiful, pretty, handsome

Attention ! *Pretty* s'utilise davantage pour parler d'une fille et *handsome* d'un garçon.

beaucoup	a lot (of)

beau-père | stepfather

Attention, en anglais, on dit *father-in-law* pour le père du conjoint.

belle-mère | stepmother

Attention, en anglais, on dit *mother-in-law* pour la mère du conjoint.

beurre | butter

bibliothèque | library /aɪ/

bien | fine /aɪ/

Je vais bien ! | I'm fine!

bien | well

très bien | very well

bientôt | soon

A bientôt ! | See you soon!

Bienvenue ! | Welcome!

billet *(de banque)* | banknote

bizarre, étrange | weird /ɪə/

blond(e) | blond, fair

boire | drink*

boîte | box

bottes | boots

bottes en caoutchouc | rubber boots

bouclé(e) | curly /ɜː/

boulangerie | bakery /eɪ/

britannique *(adj)* | British

Es-tu britannique ? | Are you British?

Attention, les adjectifs de nationalité prennent toujours une majuscule en anglais !

brosse à cheveux | hairbrush

brosse à dents | toothbrush

brosser | brush

Te brosses-tu les dents après le petit déjeuner ? | Do you brush your teeth after breakfast?

bulletin météorologique, météo | weather forecast

bureau *(meuble)* | desk

Attention ! *Desk* est un meuble, *office* est l'endroit où on travaille, et les deux se disent « bureau » en français !

bus | bus /ʌ/

C

cahier | notebook

calme | quiet /aɪə/

calèche | carriage

camarade de classe | classmate /eɪ/

canadien(ne) *(adj)* | Canadian /eɪ/

Elle n'est pas canadienne. | She isn't Canadian.

Attention, les adjectifs de nationalité prennent toujours une majuscule en anglais !

canapé | sofa

cannelle | cinnamon

cantine | canteen

canyon, gorge | canyon

car, autocar | coach /əʊ/

carré *(adj)* | square /eə/

cartable | schoolbag

carte *(à jouer)* | card

carte *(géographique)* | map

casier *(scolaire)* | locker

casque | helmet

casquette | cap, baseball cap

casser | break* /eɪ/

célèbre | famous /eɪ/ /ə/

chaîne | chain /tʃ/

chaise | chair /tʃ/

chambre | bedroom

chanson | song

chant | singing

cours de chant | singing class

chanter | sing*

chanteur(se) | singer

chapeau | hat

château | castle

chaussure | shoe /uː/

Français	Anglais
cheminée	fireplace /aɪə/ /eɪ/

Fireplace s'utilise pour parler d'une cheminée qui se trouve dans la maison. Pour parler de la cheminée sur le toit, utilise *chimney* !

Français	Anglais
chemise	shirt /ɜː/
chemisier	blouse
cher(ère)	expensive
Ces baskets sont chères.	These trainers are expensive.
chercher	look for
cheval	horse
cheveux	hair *(sing)*
Il a les cheveux courts.	His hair is short.
chips	crisps
classe ***(adj)*****, chic**	classy *(fam)*
cloche	bell
colère : en colère	angry
collation, goûter	snack
colline	hill
combien	how much
Combien coûte le porte-clés ?	How much is the keyring?
comédie musicale	musical
comme	like *(prep)* /aɪ/
Tu es comme une sœur pour moi.	You are like a sister to me.

Attention ! *Like* est aussi un verbe qui signifie aimer !

Français	Anglais
comme ci, comme ça	so-so
commencer	start
comment	how
Comment vas-tu aujourd'hui ?	How are you today?
concombre	cucumber /juː/ /ʌ/
confortable	comfortable
costume ***(de scène, de clown)***	costume

Le costume que l'on porte pour des occasions comme un mariage se dit *suit* !

Français	Anglais
côté : à côté de	next to
couper	cut*
courageux(se)	brave, courageous /eɪ/ /eɪ/ /ə/
courir	run*
course	race /eɪ/
courses	shopping
faire des courses	go* shopping
coussin	cushion /ə/
couteau	knife /aɪ/
coûter	cost*
Combien cela coûte-t-il ?	How much does it cost?
cravate	tie /aɪ/
créatif(ve)	creative /eɪ/
crème glacée	ice cream /aɪ/
crier, hurler	shout, scream /aʊ/
cuillère à café	teaspoon
cuillère à soupe	tablespoon /eɪ/
cuisine ***(activité, faire la cuisine)***	cooking
cuisine ***(pièce de la maison)***	kitchen
cuisiner	cook

D

Français	Anglais
dans	in
danser	dance
décembre	December
découvrir	discover, find* out
déjeuner ***(n)***	lunch
Je déjeune à la cantine.	I have lunch at the canteen.
dentifrice	toothpaste /eɪ/
derrière	behind /aɪ/
descendre ***(du bus)***	get* off *(the bus)*
désordonné(e)	messy
dessiner	draw* /ɔː/
détective	detective

détendre : se détendre — relax

détester — hate /eɪ/

devant — in front of

devenir — become* /ɪ/ /ʌ/

devoirs ***(à la maison)*** — homework

dimanche — Sunday

dîner ***(n)*** — dinner
Nous dînons à 18h30. — We have dinner at 6:30.

dormir — sleep*

doux(ce) ***(météo)*** — warm

drôle — funny

échapper : s'échapper — escape /eɪ/

E

école — school /k/

écossais(e) ***(adj)*** — Scottish *(adj)*

Attention, les adjectifs de nationalité prennent toujours une majuscule en anglais !

Écosse — Scotland

écouter — listen to
Écoute-moi, s'il te plaît ! — Please, listen to me!

écrire — write* /aɪ/

effrayant(e) — scary /eə/

effrayer, faire peur ***(à)*** — scare /eə/
Les fantômes me font peur. — Ghosts scare me!

emploi du temps — timetable /aɪ/

emporter :
à emporter ***(nourriture)*** — takeaway /eɪ/

endroit — spot *(n)*, place

ennuyer : s'ennuyer — get* bored
Je commence à m'ennuyer ! — I'm getting bored!

ennuyeux(se), lassant(e) — boring
C'est ennuyeux ! — It's boring!

énorme — huge /juː/

entendre — hear* /ɪə/

entraîner, s'entraîner — practise

entre ***(prep de lieu)*** — between
L'école est entre le parc et la piscine. — The school is between the park and the swimming pool.

envoyer — send*
Envoie-moi un e-mail s'il te plaît ! — Send me an email, please!

épaule — shoulder

épée — sword

éplucher — peel

EPS = éducation physique et sportive — PE = physical education

équipe — team

équitation — horse riding /aɪ/

espagnol(e) — Spanish

étaler ***(sur)*** — spread* (over) /e/
Étalez le chocolat sur le gâteau ! — Spread the chocolate on the cake!

États-Unis — United States of America (= USA)

étiquette ***(de prix)*** — price tag /aɪ/

étoile — star

étonnant(e), extraordinaire — amazing /ə/ /eɪ/

étourdi(e) — absent-minded /aɪ/ /id/

étrange, bizarre — strange, weird /ɪə/

être — be* /iː/

évier — sink

exécuter un numéro — perform

exercice : faire de l'exercice, faire du sport — exercise /aɪ/

extérieur : à l'extérieur — outside /aɪ/

F

Français	Anglais
face : en face	opposite
Le zoo est en face du parc.	The zoo is opposite the park.
faim	hungry
Elle a faim.	She's hungry.
faire, fabriquer	make* /eɪ/
Nous faisons un gâteau.	We're making a cake!
faire attention	be* careful
faire de l'exercice, du sport	exercise /aɪ/
faire du vélo / du cheval	ride* a bike / a horse /aɪ/
faire cuire au four	bake /eɪ/
famille	family
fantastique, formidable	fantastic
fantôme	ghost
farine	flour /aʊə/
fatigué(e)	tired /aɪ/
fauteuil	armchair /tʃ/
faux (fausse)	wrong
félicitations	congratulations
femme ***(≠ homme)***	woman (*pl* women)
femme, épouse	wife (*pl* wives) /aɪ/
fenêtre	window
fenêtre en arc de cercle	bow window
feu	fire /aɪə/
février	February
fier(ère)	proud /aʊ/
fille	girl /ɜː/
fille ***(lien de parenté)***	daughter
film	film *(GB)*, movie *(US)*
foncé(e), sombre	dark
fou (folle)	crazy, mad /eɪ/
fouillis, pagaille	mess
four ***(objet)***	oven
cuire au four	bake /eɪ/
fraise	strawberry /ɔː/
français(e) ***(adj)***	French
Nous sommes français.	We're French.

Attention, les adjectifs de nationalité prennent toujours une majuscule en anglais !

Français	Anglais
frère	brother
frites	chips
froid(e)	cold
fromage	cheese
fromage frais à tartiner	cream cheese

G

Français	Anglais
gagnant(e)	winner
gagner	win
gallois(e) ***(adj)***	Welsh
Il est gallois.	He's Welsh.

Les Gallois sont les habitants du Pays de Galles (*Wales*). Attention, les adjectifs de nationalité prennent toujours une majuscule en anglais !

Français	Anglais
garçon	boy
gardien(ne) ***(de parc national)***	ranger
garniture	topping
gâteau	cake /eɪ/
gel à coiffer	hair gel
gêné(e)	embarrassed /ɪ/ /t/
généralement	usually /juː/ /e/
Génial !	Great!
C'est un grand film !	It's a great film!
gens, personnes	people
Il y a beaucoup de gens au concert.	There are a lot of people at the concert.

Attention, il n'y a pas de –s à *people*, mais c'est un nom pluriel !

Français	Anglais
gentil(le)	nice /aɪ/
géographie	geography

gilet *(n)* — cardigan
gilet *(de costume)* — waistcoat
glace, crème glacée — ice, ice cream /aɪ/ /aɪ/
goûter *(n)* — snack
grand(e) — tall
grand(e), gros(se), — big, large
grand(e), important(e), génial(e) — great
Grande Bretagne — Great Britain /eɪ/
grand-mère — grandmother
grand-père — grandfather
gratte-ciel — skyscraper
grenier — attic
guide — guide /aɪ/
guitare — guitar
gymnase — gym
gymnaste — gymnast
gymnastique — gymnastics

H

habiller : s'habiller — get* dressed
Je m'habille après le petit déjeuner. — I get dressed after breakfast.
habiter — live
habitude : d'habitude, généralement — usually /juː/ /e/
haricot — bean
haricots blancs *(à la sauce tomate)* — baked beans /eɪ/
heure — hour
Il est 5 heures. — It's 5 o'clock.

Attention ! Pour dire l'heure juste, on dit *o'clock*.

heureux(se) — happy
hier — yesterday
histoire *(à raconter)* — story
histoire *(matière scolaire)* — history
homme *(≠ femme)* — man (*pl* men)
horloge — clock
humeur — mood

I

ici — here /ɪə/
il y a *(avec un complément de temps)* — ago
Il y a longtemps… — A long time ago…
île — island /aɪ/
immeuble, bâtiment — building
imperméable *(n)* — raincoat /əʊ/
informatique — IT = information technology
inoubliable — unforgettable
intelligent(e) — intelligent, smart
intéressant(e) — interesting
intéressé(e) *(par)* — interested (in) /ɪd/
Je m'intéresse à la science. — I'm interested in science.
intérieur : à l'intérieur — inside /aɪ/
irlandais(e) *(adj)* — Irish /aɪ/
Elle est irlandaise. — She's Irish.

Attention, les adjectifs de nationalité prennent toujours une majuscule en anglais !

J

jamais — never
janvier — January
jardin — garden
jeans — jeans
Mon nouveau jean est génial ! — My new jeans are great!
jeu — game /eɪ/
jeudi — Thursday
jongler — juggle
jouer — play
jouer au football — play football
jouer de la guitare — play the guitar
jouer *(un rôle au théâtre ou au cinéma)* — act
joueur(se) — player
juillet — July

juin	June
jupe	skirt /ɜː/

L

là-bas	over there
lac	lake /eɪ/
laid(e)	ugly
lait	milk
laitue, salade	lettuce /ɪ/
lampe	lamp
lent(e)	slow
lever : se lever	get* up
levure chimique	baking powder /eɪ/ /aʊ/
libre	free
lire	read*
lit	bed
lit à deux places	double bed
livre *(à lire)*	book
livre sterling	pound /aʊ/
long(ue)	long
lourd(e)	heavy
lundi	Monday
lunettes	glasses /sɪz/
lunettes de soleil	sunglasses /sɪz/
luxe : de luxe	luxury
hôtel de luxe	luxury hotel

M

magasin	shop
magasin de souvenirs	souvenir shop
mai	May
mais	but
maison	house /aʊ/
maître	master
malade	sick, ill
malin(e), intelligent(e)	smart
maman	mum, mummy
mamie	grandma, granny
manger	eat*
manuel *(scolaire)*	textbook
marche *(d'escalier)*	step
marcher	walk /ɔː/
mardi	Tuesday
mari	husband
mars	March
mathématiques	maths
matière *(scolaire)*	subject
matin	morning
le matin	in the morning
mauvaise humeur	bad mood
Il est de mauvaise humeur !	He is in a bad mood!
médaille	medal
meilleur(e) : le (la) meilleure	the best
mélanger	mix
mercredi	Wednesday
mère	mother
merveilleux(se)	wonderful
météo, bulletin météorologique	weather forecast
mettre	put* /ʊ/
Mets le gâteau dans le four.	Put the cake in the oven!
mignon(ne)	cute /juː/
miroir	mirror
modeste	modest
mois	month
montagne	mountain /aʊ/
monter, escalader	climb
monter à cheval	ride* a horse /aɪ/
morceau *(nourriture, musique)*	piece
mourir	die /aɪ/
musée	museum /juː/ /iːə/

N

nager	swim*
nappage, garniture	topping
né(e)	born
être né(e)	be* born
Je suis né(e) à Londres.	I was born in London.
nœud papillon	bow tie
nom	name /eɪ/
nom de famille	surname /ɜː/ /eɪ/
nourriture	food
novembre	November

O

obscurité	darkness
octobre	October
œil	eye /aɪ/
œuf	egg
oncle	uncle
ordinateur	computer
ordonné(e), bien rangé(e)	tidy /aɪ/
Mon frère est ordonné.	My brother is tidy.
où	where
oublier	forget*
ouvrir	open *(v)*

P

pain	bread /e/
petit pain ***(individuel)***	bun
pain grillé	toast /əʊ/
panneau	sign /aɪ/
pantalon	trousers /aʊ/
papa	dad, daddy
papi	grandpa
parapluie	umbrella
parce que	because
parents	parents
parfois	sometimes /aɪ/
parking	car park
pas … du tout	not … at all
Je ne sais pas chanter du tout !	I can't sing at all!
passager(ère)	passenger
passer (du temps)	spend* (time) /aɪ/
passionnant(e)	exciting /aɪ/
patinoire	ice rink /aɪ/
pause, récréation	break *(n)*
Pays de Galles	Wales
paysage	landscape /eɪ/
peigne	comb
peindre	paint *(v)*
penser	think*
père	father
petit déjeuner	breakfast
Nous prenons le petit déjeuner à 7 h.	We have breakfast at 7 am.
petit(e), court(e)	small, short
peu	little
un peu	a little
peur : avoir peur	be* afraid
photo	picture, photo
prendre une photo	take* a picture
pièce ***(d'une maison)***	room
pièce ***(monnaie)***	coin
piscine	swimming pool
placard	cupboard /ʌ/
plante (verte)	plant
plat ***(adj)***	flat
plat ***(n)***	dish
Veux-tu un plat chaud ?	Do you want a hot dish?
plonger	dive* /aɪ/

poire	pear /eə/
pomme	apple
pomme de terre	potato (*pl* potaoes)
poney	pony (*pl* ponies)
portable, téléphone portable	mobile, mobile phone /aɪ/ /aɪ/
porte-clés	key ring /iː/
porter ***(un vêtement)***	wear* /eə/
Elle porte une robe bleue.	She is wearing a blue dress.
poste, bureau de poste	post office
poulet	chicken
préchauffer	preheat /iː/
préféré(e)	favourite /eɪ/
préférer	prefer
premier(ère)	first /ɜː/
en premier, premièrement	first /ɜː/
prendre	take* /eɪ/
prendre des photos	take* pictures /eɪ/ /tʃə/
prendre le petit déjeuner	have* breakfast
prendre une douche	have* a shower
prénom	first name /ɜː/ /eɪ/
prêt(e) ***(adj)***	ready /e/
prévision	forecast
prisonnier(ère)	prisoner
projet	project
promener le chien	walk the dog
protéger	protect
puis	then
pull	sweater /e/

Q

quand	when
quartier	district
qui	who
à qui	whose /uː/
À qui est ce livre ?	Whose book is it?

R

raide	straight
Elle a les cheveux raides.	She's got straight hair.
raisin	grapes /eɪ/
raisins secs	raisins
rangé(e) : bien rangé(e)	tidy /aɪ/
Sa chambre est bien rangée.	His bedroom is tidy.
rapide	fast
rarement	rarely
recette	recipe /ɪ/
regarder	look (at)
regarder ***(la télévision)***	watch
règle, règlement	rule
reine	queen
réplique, texte ***(théâtre, cinéma)***	line /aɪ/
rester	stay
rester à la maison	stay at home
retard : en retard	late /eɪ/
Excusez-moi pour mon retard.	Sorry, I'm late!
réveil	alarm clock
réveiller : se réveiller	wake* up /eɪ/
robe	dress
roi	king
rôle	role
rond(e) ***(adj)***	round /aʊ/
route	road /əʊ/
rue	street

S

sac	bag
sac à main	handbag
saison	season
salade composée	salad
salle à manger	dining room /aɪ/
salle de bains	bathroom
salle de classe	classroom
salon	living room
samedi	Saturday
saucisse	sausage /dʒ/
sauter	jump
savoir, connaître	know*
savoir-faire, talent	skill
savon	soap /əʊ/
science	science /aɪ/
semaine	week
septembre	September
sérieux(se)	serious /ɪə/ /ɪə/
seul(e)	alone
sévère	strict
shampoing	shampoo
sieste	nap
silencieux(se), calme	quiet /aɪə/
sirop d'érable	maple syrup /eɪ/
sociable	sociable, outgoing /ʃ/ /aʊ/ /əʊ/
sœur	sister
soir	evening /iː/
le soir	in the evening /iː/
sorcière	witch
soudain *(adv)*	suddenly
soupe	soup
souple	supple
sous	under
souvent	often
spectacle	show
sportif(ve)	sporty
stade *(de sport)*	stadium /eɪ/
sucre	sugar /ʃ/
sucre glace	icing sugar /aɪ/ /ʃ/
super	great /eɪ/
superbe, splendide	beautiful, gorgeous /juː/ /ə/
sur	on
sûr : bien sûr	of course
surfer sur Internet	surf the Net
surpris(e)	surprised

T

table	table /eɪ/
table de chevet	bedside table /aɪ/ /eɪ/
talent, savoir-faire	skill
talentueux(se)	talented /ɪd/
tante	aunt
tapis	carpet
tard	late

Attention ! *Late* signifie aussi en retard : *Sorry, I'm late!*

tasse *(grande)*	mug /ʌ/
taxi	cab, taxi
technologie	technology
téléphoner	phone, call
télévision *(poste de)*	TV set
temps *(qui passe, heure)*	time
Quelle heure est-il ?	What time is it?
temps, météo	weather
temps libre	free time /aɪ/
terminer, finir	finish, end
tête	head /e/
théâtre *(activité)*	drama

timide	shy /aɪ/
tomate	tomato (*pl* tomatoes)
tombe *(n)*	grave /eɪ/
tomber	fall*
tôt, de bonne heure	early /ɜː/
toucher	touch
toujours	always
tour	turn
À ton tour !	Your turn!
tour *(de magie)*	magic trick
tour *(bâtiment)*	tower /aʊə/
touriste	tourist
tous les jours	every day
tout	every
travailler	work
trèfle	shamrock

Le *shamrock* est un trèfle à trois feuilles, symbole de l'Irlande.

très	very
triste	sad
trop	too *(+adj)*
Trop tard !	Too late!
trou	hole
trousse *(scolaire)*	pencil case
trousse de toilette	toilet bag
trouver	find* /aɪ/

U

uniforme	uniform /juː/

V

valise	suitcase /eɪ/
vanille	vanilla
vélo	bike /aɪ/
faire du vélo	ride* a bike /aɪ/
vendredi	Friday
verser	pour /ɔː/
veste	jacket
veste queue-de-pie	tailcoat
vêtements	clothes
vieux (vieille)	old
ville *(grande ville)*	town, city /aʊ/ (*pl* cities)
visage	face /eɪ/
visite : rendre visite à	visit
Elle rend visite à sa famille le dimanche.	She visits her family on Sundays.
visiter	visit
voir	see*
voler *(en avion)*	fly
vouloir	want
Je veux des céréales pour le petit déjeuner.	I want cereal for breakfast.
voyage, excursion	trip
vraiment, réellement	really /ɪə/
vue, panorama	view /uː/

W

WC	toilet

Y

yeux *(pl)*	eyes *(pl)* /aɪ/

CRÉDITS TEXTES

p. 68 DINNER-TIME RHYME by June Crebbin, The Puffin Book of Fantastic First poems, Penguin, D.R. ; **p. 78-146** "Can you dance?" chanson tirée du CD Chante & Découvre l'anglais Volume 2, publié par ABC Melody, Paris © ABC Melody 2014 - **www.abcmelody.com** ; **p. 98-149** Music and Lyrics for 'I Love NY' by Joanie Leeds © 2013, Zameret Music www.joanieleeds.com ; **p. 110** What is Pink? By Christina Rossetti ; **p. 111** Tick Tock © 2002 Gareth Lancaster ; **p. 114-115** CHARLIE & THE CHOCOLATE FACTORY © Roald Dahl Nominee Ltd, 1964. CHARLIE & THE CHOCOLATE FACTORY © Quentin Blake, 1995 ; **p. 116-117** Alice's Adventures in Wonderland de Lewis Carroll, adapté par Gina D. B. Clemen © 2008 Black Cat - A brand of De Agostini Scuola. Adapted by Gina DB Clemen. Illustrated by Alida Massari ; **p. 123-150** Mix a Pancake By Christina Rossetti ; **p. 125** Little Leprechaun / D.R. ; **p. 138** ABC ROCK, Paroles et Musique de Gregory Paul SCELSA © Little House Music. Administré par Songs of Peer Ltd. Représenté par Peermusic France pour la France et les territoires Sacem. Publié avec l'autorisaton de PEERMUSIC France - Paris – France ; **p. 138** "One to One Hundred" song, from the "Jumpin' Number's and Shakin' Shapes" CD © 2002 Heidi Butkus & HeidiSongs ; **p. 139** 'Going Through Old Photos' by Michael Rosen from "The Puffin book of Fantastic First poems", originally published in You Tell Me Poems by Roger McGough & Michael Rosen Kestrel, 1979) Copyright © Michael Rosen, 1979 ; **p. 140** Can an elephant jump, © 2015 ELF Learning. All Rights Reserved. ; **p. 141** "School Supplies" © 2007 Kenn Nesbitt. All Rights Reserved. From Revenge of the Lunch Ladies. Meadowbrook Press. Reprinted by permission of the author ; **p. 144** WHAT DO YOU DO IN THE MORNING? © Studycat - Language Learning Apps for Kids. First Published 2015, by Studycat Limited.

CRÉDITS PHOTOGRAPHIQUES

p. 8 - 1 ph © Allan Stone / Corbis ; **p. 8 - 2** ph © Hero / Fancy Images / Plainpicture ; **p. 8 - 3** ph © Thames / Rex / Sipa Press ; **p. 8 - 4** ph © Alamy / Photo12 ; **p. 8 - 5** ph © Polly Eltes / Narratives / Plainpicture ; **p. 10 - 1** ph © Michael Kemp / Alamy Stock Photo / Hémis.fr ; **p. 10 - 2** ph © J. Birdsall / agefotostock.com ; **p. 10 - 3** ph © Alain Parinet / Ask Images ; **p. 10 - 4** ph © J-M. Hosan / fotogloria / Rea ; **p. 10 - 5** ph © Alexis Toureau / Gamma - Rapho ; **p. 13** ph © Image Source / Getty-Images ; **p. 14 -step1** ph © Allan Stone / Corbis ; **p. 16 -step 1-1** ph © D.King / Getty-Images ; **p. 16 -step 1-2** ph © J. White / Getty-Images ; **p. 16 -step 1-3** ph © Hilary Morgan / Alamy ; **p. 16 -step 1-4** ph © ImageBroker / Alamy ; **p. 16 -step 1-5** ph © Chris Willson / Alamy ; **p. 16 -step 2-1** ph © Keith Morris / Alamy ; **p. 16 -step 2-2** ph © Jack Sullivan / Alamy ; **p. 16 -step 2-3** ph © Shotshop GmbH / Alamy ; **p. 16 -step 2b** ph © IStockphoto ; **p. 16** -bg Coll. Prod DB © Walt Disney Pictures - Pixar Animation Studios / DR ; **p. 17 -step 5-1** Coll. Christophe L ; **p. 17 -step 5-2** Coll. The Kobal Collection / Universal / Working Title ; **p. 17 -step 5-3,4** © Universal / D.R. ; **p. 19 -step 4-1** ph © Finnbarr Webster / Alamy ; **p. 19 -step 4-2** ph © Eye Ubiquitous / Alamy ; **p. 19 -step 4-3** ph © Angus McComiskey / Alamy ; **p. 19 -step 6-1** ph © View Pictures Ltd / Alamy ; **p. 19 -step 6-2** ph © Kevin Britland / Alamy ; **p. 21 -step 4** ph © iStockphoto ; **p. 21 -step 5** ph © Patterson Graham / Blend Images / Corbis ; **p. 22 -step 3-1** ph © J. Bower at Apexphotos / Getty-Images ; **p. 22 -step 3-2** ph © Lisa Valder / iStockphoto ; **p. 22 -step 3-3** ph © Extravagantni / iStockphoto ; **p. 22 -step 3-4** ph © Vetas / iStockphoto ; **p. 22 -step3-g** ph © iStockphoto ; **p. 25** ph © D. Leahy / Getty-Images ; **p. 25 - bg, bm,bd** © BeKind Production ; **p. 26 - bd** ph © WireImags / 2015 Samir Hussein / Getty-Images ; **p. 26 - h** ph © Hero / Fancy Images / Plainpicture ; **p. 27 - 1, 2** © BeKind Production ; **p. 28 g** ph © WireImags / 2015 Samir Hussein / Getty-Images ; **p.** 28 d ph © 2015 Kensington Palace / Getty-Images ; **p. 33 - 1** ph © Paul Chiasson / AP / Sipa Press ; **p. 33 - 2** ph © Quadrillion / Corbis ; **p. 33 - 3** ph © AP / Sipa Press ; **p.** 33 - 4 ph © Peter Phipp / Travelshots. com / Alamy / Photo12 ; **p. 34 - m** ph © Thames / Rex / Sipa Press ; **p. 34 - b** ph © Shutterstock ; **p. 35 - 1, 2g, 2d** © BeKind Production ; **p. 36 - 1** © Graphic News (Ph © AP et Getty Images) ; **p. 36 - 2, g** ph © T. Coex / AFP ; **p. 36 - 2, m** ph © I. Walton / Getty-Images / AFP ; **p. 36 - 2, d** ph © J. Finney / Getty-Images / AFP ; **p. 37 - hd** © FremantleMedia Ltd / Simco Ltd ; **p. 37 - mg** ph © Hill Street Studios / agefotostock.com ; **p. 37 - m** ph © R. Heim / Fotolia ; **p. 41 - 1** ph © Dex Image / Alamy / Photo12 ; **p. 41 - 2** ph © R. Heathcote / Getty-Images / AFP ; **p. 41 - 3** ph © Juice Image / Hemis.fr ; **p. 41 - 4** ph © T. Hevezi / Epa / Maxppp ; **p. 42 - m** ph © Alamy / Photo12 ; **p. 42 - b** ph © N. Tepper / Arcaid / Corbis ; **p. 43 - 1** © BeKind Production ; **p. 44 - h** © Mr M G H Mowbray, Eton College ; **p. 44 - b** © Distributed by Sky Vision ; **p. 45 - hd** © Archives Hatier ; **p. 49 - 1** ph © P. Mason / Getty-Images ; **p.** 49 - 2 © Aldworth School ; **p. 49 - 3** © Rounders England ; **p. 49 - 4** ph © Photofusion / Rex / Sipa Press ; **p. 50 - m** ph © Polly Eltes / Narratives / Plainpicture ; **p. 50 - b** ph © Roberto Herrett / Loop Images / Photononstop ; **p. 51 - 1, 2** ph © BeKind Production ; **p. 52 - g** ph © Realimage / Alamy ; **p. 52** - d ph © Adrian Sherratt / Alamy ; **p. 53 - h** ph © Black Orchid / http://modthesims.info / D.R. ; **p. 53 - bm** ph © Haines Shoe House by Mahlon Haines ; **p. 53 - bd** ph © Bom Principio city. Brazil ; **p. 57 - 1** ph © Tim Graham / Robert Harding / Age Fotostock ; **p. 57 - 2** © Blue Forest Luxury Tree Houses / www.blueforest.com ; **p. 57 -3** ph © Alamy / hemis.fr ; **p. 57 -4** ph © Giuseppe Masci / Agf Foto / Photononstop ; **p. 58 -h** ph © Michael Kemp / Alamy Stock Photo / Hémis.fr ; **p. 58 -b** ph © B. Gardel / hemis.fr ; **p. 59 -1, 2** © BeKind Production ; **p. 60 hd** ph © J. Mayer / WireImage / Getty-Images ; **p. 60 -bd** ph © A. Berezovsky / WireImage / Getty-Images ; **p. 61 -h** ph © A. Berg / Getty-Images ; **p. 64 -h, bg, bd** ph © Alamy / Photo12 ; **p. 65 -1** ph © R. Robert Harding / Hemis.fr ; **p. 65 -2** ph © Rex Features / Sipa Press ; **p. 65 -3** ph © J. Arnold / hemis.fr ; **p. 65 -4** ph © Alamy / Photo12 ; **p. 67** ph © Echo / Getty-Images ; **p. 68 -69** ph © J. Birdsall / agefotostock.com ; **p. 69 -m** ph © Alamy / Photo12 ; **p. 69 -bd** ph © R. Anthony / Fotolia ; **p. 70 -1** ph © S.Conroy / the food passionates / Corbis ; **p. 70 -2** ph © Fanfo / Fotolia ; **p. 70 -3** ph © P. Victoria / Fotolia ; **p. 70 -bg** ph © M.studio / Fotolia ; **p. 70 -bd** ph © H. Rogers / agefotostock ; **p. 71 -2g** ph © Fotolia ; **p. 71 -2d** © Numismabeb © The Bank of England ; **p. 71 -1g** ph © Wavebreakmedia Ltd / agefotostock ; **p. 71 -1-1** ph © bit24 / Fotolia ; **p. 71 -1-2** ph © Tiramisu Studio / Fotolia ; **p. 71 -1-3** ph © Viktor / Fotolia ; **p. 71 -1-4** ph © M.studio / Fotolia ; **p. 71 -1-5** ph © ExQuisine / Fotolia ; **p. 72 -A-h** ph © B. Şafoğlu / Fotolia ; **p. 72 -A-mg** ph © photosomething / Fotolia ; **p. 72 -A-md** ph © B. Şafoğlu / Fotolia ; **p. 72 -B** © Tesco realffood ; **p. 73 -1a** ph © Archives Hatier ; **p. 73 -1b** ph © Archives Hatier ; **p. 73 -md** © Shine International ; **p. 76 -1** ph © M. Kiselov / MarimoArt.lv / Fotolia ; **p. 76 -2 ph** © Studio Gi / Fotolia ; **p. 76 -3** ph © StockPhotosArt / Fotolia ; **p. 76 -2-1** ph © S. Conroy / The Food Passionates / Corbis ; **p. 76 -2-2** ph © Stocksolutions / 123rf ; **p. 76 -2-3** ph © B. Şafoğlu / Fotolia ; **p. 77 -hd** © Carl Warner www.carlwarner.com ; **p. 77 -mg** © Carl Warner www.carlwarner.com ; **p. 77 - bd** ph © Claudio / Fotolia ; **p. 78** ph © Alain Parinet / Ask Images ; **p. 79 - m** ph © Bertrand Rieger / hemis.fr ; **p. 79 - b** ph © Alexia Zoulas ; **p. 80 - 1** ph © Horiyan / iStockphoto ; **p. 80 - 2** ph © NakPhotos / iStockphoto ; **p. 80 - 3** ph © by_adr / iStockphoto ; **p. 80 - 4** ph © Talevr / iStockphoto ; **p. 80 - 5** ph © Yasinguneysu / iStockphoto ; **p. 80 - 6** ph © Skodonnell / iStockphoto ; **p. 80 - 7** © 4ever Skin Naturals / D.R. ; **p. 80 - 8** © The Pretty Useful Map Company Ltd. ; **p. 80 - 9** ph © Paul Seheult / Eye Ubiquitous / Press Association Images ; **p. 80 - 10** ph © Stompi_stompi / Fotolia ; **p. 80 - 11** ph © Amphotolt / Fotolia ; **p. 80 - 12** ph © Valeo5 / Fotolia ; **p. 81 -hg** ph © Eurasia Press / Photononstop ; **p. 81 -hd** ph © kali9 / iStockphoto ; **p. 82 -hg, hm** © CarrollsIrishGifts. com ; **p. 82 -hd** © shopirish.com / D.R. ; **p. 82 -bg, bd** © Dublinia ; **p. 83 -mg** ph © Graham / RHPL / Andia (portrait : avec l'aimable autorisation de Julie Marrinhas) ; **p. 83 -md** ph © Bertrand Gardel / hemis.fr ; **p.** 86 -m ph © Ken Welsh / Age Fotostock ; **p. 87 -b** ph © Jason Clarke Photography ; **p. 87 -h1** ph © Fotolia ; **p. 87 -h2** ph © Archives Hatier ; **p. 87 -h3** ph © Otrocalpe / Fotolia ; **p. 87 -h4** ph © Klaus Eppele / Fotolia ; **p. 87 -h5** ph © Nicole Gordine / Shutterstock ; **p. 87 -h6** ph © Archives Hatier ; **p. 88 89** ph © J-M. Hosan / Fotogloria / Rea ; **p. 88 -b** © Visit Scotland ; **p. 89 -m** ph © Masci Giuseppe / Photononstop ; **p. 89 -b** ph © Duchy / Shutterstock ; **p. 90 -1** ph © B. Rieger / hemis.fr ; **p. 90 -2** ph © Blend Images / hemis.fr ; **p. 91 -1-g** ph © bridgemanart.com ; **p. 91 -1hd** ph © Archives Hatier ; **p. 91 -1md** ph © Isadora / Leemage ; **p. 97 -h, mg, md** © Andy Goldsworthy ; **p. 97 -bd** ph © V. Burdyak / Fotolia ; **p. 98 - 99** ph © Alexis Toureau / Gamma - Rapho ; **p. 99 -h** ph © dbimages / Alamy Stock Photo / Hémis.fr ; **p. 99 -bd** © Luciano Mortula / Shutterstock ; **p. 100 -h** © Shutterstock ; **p. 100 -b** ph © Ebby May / Getty-Images ; **p. 101 Fond** © Shutterstock ; **p. 101 - A** ph © Valerie Lacaze / Cit'Images ; **p. 101 - B** ph © Sylvain Sonnet / Getty-Images ; **p. 101 - C** ph © Peters Adams / Getty-Images ; **p. 101 - D** © Dmitro2009 / Shutterstock ; **p. 101 - E** © ChameleonsEye / Shutterstock ; **p. 101 - F** ph © Sports Illustrated / Getty-Images ; **p. 101 - G** © iShootPhotos llc / iStockphoto ; **p. 102 -hg** © Legacy / www.123rf.com ; **p. 102 -hm** ph © dbimages / Alamy Stock Photo / Hémis.fr ; **p. 102 -hd** ph © Sandra Baker / Alamy Stock Photo / Hémis.fr ; **p. 102 -bg** ph © Dov Makabaw Sundry / Alamy Stock Photo / Hémis.fr ; **p. 102 -bd** ph © Patti McConville / Alamy Stock Photo / Hémis.fr ; **p. 103 -hg** © Andrey Bayda / Shutterstock ; **p. 103 -hd** ph © Ron Bennett / Alamy Stock Photo / Hémis.fr ; **p. 103 -bg** ph © Moment Open / Getty-Images ; **p. 103 -bd** © weskateny.org ; **p. 107 -mg** © 2010 Marvel Characters, Inc. ; **p. 107 -md** © "Superman" © 2014, DC Comics, All Rights Reserved. Used with permission ; **p. 107 -b** © Dalino Salino / www.123rf.com ; **p. 108 -3** ph © B. Gardel / hemis.fr ; **p. 108 -13** ph © Coll. essentials / iStockphoto ; **p. 108 -26** ph © UbjsP / Fotolia ; **p. 108 -36** © BeKind Production ; **p. 109 -6** ph © Coll. Signature / iStockphoto ; **p. 109 -9** ph © Tom Hevezi / Epa / Maxppp ; **p. 109 -16, 17** ph © Coll. Signature / iStockphoto ; **p. 109 -20, 21** ph © Coll. Signature / iStockphoto ; **p. 109 - 30** ph © Getty-Images / AFP ; **p. 109 -33** ph © Coll. essentials / iStockphoto ; **p. 109 -35** ph © Ivan kmit / Fotolia ; **p. 112** © GARFIELD © Paws, Inc. Reprinted with permission of Universal Uclick. All rights reserved ; **p. 113 -h** © CALVIN AND HOBBES © 1986 Watterson. Reprinted with permission of Universal Uclick. All rights reserved. ; **p. 113 -b** © PEANUTS © 1965 Peanuts Worldwide LLC. Dist. By Universal Uclick. Reprinted with permission. All rights reserved. ; **p. 115 -g** ph © Hulton Archives / Getty-Images ; **p. 115 -d** ph © 2012 Kalpesh Lathigra / Getty-Images ; **p. 117** ph © Corbis ; **p. 118 -h** ph © Philip James Cornwin / Corbis ; **p. 118 -b** ph © François Le diascorn / Gamma - Rapho ; **p. 120 -m** ph © Mouse in the House / Alamy / Photo12 ; **p. 120 -b** ph © Rex Interstock ; **p. 122 -A** ph © Matt Dunham / AP / Sipa Press ; **p. 122 -B** ph © Pete Titmuss / Alamy / Photo12 ; **p. 123** ph © Dusan Zidar / Shutterstock ; **p. 124 -1,2** ph © Patrick Forget / sagaphoto.com

Malgré nos efforts, il nous a été impossible de joindre certains photographes ou leurs ayants-droit, ainsi que des éditeurs ou leurs ayants-droit de certains documents, pour solliciter l'autorisation de reproduction, mais nous avons naturellement réservé en notre comptabilité des droits usuels.

Mémo

Nombres ordinaux

1st	the first	11th	the eleventh	19th	the nineteenth
2nd	the second	12th	the twelfth	20th	the twentieth
3rd	the third	13th	the thirteenth	21st	the twenty-first
4th	the fourth	14th	the fourteenth	22nd	the twenty-second
5th	the fifth	15th	the fifteenth	...	
6th	the sixth	16th	the sixteenth	30th	the thirtieth
9th	the ninth	17th	the seventeenth	40th	the fortieth
10th	the tenth	18th	the eighteenth	...	

Verbes irréguliers

Base verbale	Prétérit	Traduction
be /iː/	I / he / she was you / we / they were	*être*
become /ʌ/	became /eɪ/	*devenir*
catch	caught /ɔː/	*attraper*
come /ʌ/	came /eɪ/	*venir*
cut /ʌ/	cut /ʌ/	*couper*
fall	fell	*tomber*
find /aɪ/	found /aʊ/	*trouver*
go /əʊ/	went /e/	*aller*
have	had	*avoir*
hear /ɪə/	heard /ɜː/	*entendre*
know /əʊ/	knew /juː/	*savoir*
make /eɪ/	made /eɪ/	*faire*
put /ʊ/	put /ʊ/	*mettre*
run	ran	*courir*
see	saw	*voir*
send	sent	*envoyer*
sit	sat	*s'asseoir*
sleep	slept	*dormir*
take /eɪ/	took	*prendre*
write /aɪ/	wrote	*écrire*

Achevé d'imprimer par Loire Offset Titoulet à Saint-Etienne - France
Dépôt légal : 02161-7/01 - avril 2016

THE UNITED STATES OF AMERICA
N
S
E
W
CANADA
Seattle
WASHINGTON
OREGON
IDAHO
MONTANA
NORTH DAKOTA
MINNESOTA
SOUTH DAKOTA
WYOMING
NEVADA
San Francisco
CALIFORNIA
Las Vegas
Los Angeles
UTAH
Colorado
COLORADO
NEBRASKA
IOWA
KANSAS
Missouri
MISSOURI
ARIZONA
NEW MEXICO
OKLAHOMA
TEXAS
Dallas
Houston
San Antonio
Rio Grande
ARKANSAS
Mississippi
LOUISIANA
New Orleans
MISSISSIPPI
Memphis
TENNESSEE
ALABAMA
Atlanta
GEORGIA
FLORIDA
Miami
SOUTH CAROLINA
NORTH CAROLINA
KENTUCKY
VIRGINIA
WEST VIRGINIA
Washington D.C.
OHIO
INDIANA
ILLINOIS
Chicago
WISCONSIN
Lake Superior
Lake Michigan
Lake Huron
MICHIGAN
Detroit
Lake Erie
Lake Ontario
PENNSYLVANIA
Philadelphia
NEW YORK
New York
NEW JERSEY
DELAWARE
MARYLAND
VERMONT
NEW HAMPSHIRE
MASSACHUSETTS
RHODE ISLAND
CONNECTICUT
MAINE
ATLANTIC OCEAN
PACIFIC OCEAN
MEXICO
THE BAHAMAS
CUBA
250 miles
RUSSIA
ALASKA
CANADA
250 miles
HAWAII
125 miles

Les villes sont celles mentionnées dans la méthode.